张荫麟 著

李欣荣 方芳 编

通史原理

中国出版集团 东方出版中心

图书在版编目(CIP)数据

通史原理 / 张荫麟著；李欣荣, 方芳编. -- 上海：
东方出版中心, 2025. 5. -- ISBN 978-7-5473-2717-3

Ⅰ. K0-53

中国国家版本馆 CIP 数据核字第 20252HX315 号

通史原理

著 者	张荫麟
编 者	李欣荣 方 芳
策 划	张爱民
责任编辑	刘 叶
装帧设计	钟 颖

出 版 人	陈义望
出版发行	东方出版中心
地 址	上海市仙霞路 345 号
邮政编码	200336
电 话	021-62417400
印 刷 者	山东韵杰文化科技有限公司

开 本	890mm×1240mm 1/32
印 张	6.5
字 数	176 千字
版 次	2025 年 7 月第 1 版
印 次	2025 年 7 月第 1 次印刷
定 价	79.00 元

目 录

序 言

李欣荣

中国近代史学自从胡适、傅斯年一派占据主流以后，研究趋于专门化和考据化，贺昌群谓为"论文写作或专题研究的时代"（Age of Monograph History），[①] 通史的写作和需求因此无形中被忽略。最明显一例，便是1904—1906年出版的夏曾佑《中国历史教科书》，经过专家评选，在1933年被商务印书馆列为"大学丛书"，引起钱穆、缪凤林、陈登原等追求博通的学人的广泛批评，[②] 激发起一轮撰写新通史的热潮。即便是号称要"动手动脚找材料"的傅斯年也认识到通史之作有其现实需要，故而推荐留学生身份的张荫麟撰写通史，以作中小学历史教本。[③]

[①] 贺昌群：《哀张荫麟先生》，《理想与文化》第2期，1943年1月，第3页。

[②] 公沙（钱穆）：《评夏曾佑〈中国古代史〉》，《大公报·图书副刊》第20期，1934年3月31日；缪凤林：《大学丛书本国史两种》，《图书评论》第2卷第8期，1934年4月；陈登原：《夏曾佑著〈中国古代史〉》，《图书评论》第2卷第11期，1934年7月1日。

[③] 傅斯年向陈寅恪提出，修史"非留学生不可"，同时应是"博闻而又有志史学，而又有批评的意觉者"，荫麟无疑符合这一条件。见《傅斯年致陈寅恪》（1929年9月9日），王汎森等主编：《傅斯年遗札》第1卷，（台北）"中研院"史语所2011年，第227页。陈氏后来向傅斯年推荐张荫麟入北大教通史未成，但"其人记诵博洽而思想有条理"的评语相信已给傅氏留下深刻印象。参见李欣荣：《主流（转下页）

事实证明，傅氏的选择确有眼光。张荫麟的《中国史纲》最终仅写至东汉，但是甫一出版，就大受好评，至今仍脍炙人口（重印版本至少已超百种）。童书业的书评认为："既有丰富之史学知识，又具通贯之史学眼光；深入浅出，人人能解。在当代通史作品中，允称佳著。"[1] 金毓黻在日记中也指出："觉其叙述之朴实深刻，殊非并世诸作所能及。"[2] 然则论者多着眼于荫麟之特具通识或文字优美，对其通史理论的哲学性欠缺深切的讨论。[3]特别是其编纂的《通史原理》一书较为完整地反映出其历史哲学的纲领，却少人加以全面、综合的解析，使其哲学思维批判下的通史理想无法彰明。以下所论，旨在辨析《通史原理》的篇目源流、知识背景和著译争议，并尝试从史、哲互动的角度探讨张荫麟通史写作的理论底蕴。

一、《通史原理》之篇目源流

张荫麟在遵义浙江大学时期（1940—1942 年），除了尽力撰述《中国史纲》以外，亦尝编有《通史原理》一书，以体现其通

（接上页）与旁支：张荫麟与民国学界》，桑兵、关晓红主编：《先因后创与不破不立：近代中国学术流派研究》，三联书店 2007 年。

[1] 童书业：《评张荫麟〈中国史纲〉第一册》，上海《东南日报》（文史版），1949 年 2月 20 日。

[2] 金毓黻：《记张荫麟》，陈润成、李欣荣编：《天才的史学家：追忆张荫麟》，清华大学出版社 2009 年，第 284 页。

[3] 许冠三对于张荫麟的通史方法论评价甚高，所论直探本源。见其《张荫麟：既是科学亦是艺术》，《新史学九十年》，岳麓书社 2003 年，第 73—76 页。另可参林丽月：《张荫麟史学理论评析》，《台湾师范大学历史学报》第 6 期，1978 年 5 月。杨俊光论析张氏对于各种历史哲学的批判性看法，参其《批判与革新：南粤史家张荫麟历史哲学管窥》，《贵州文史丛刊》2013 年第 1 期。

史方法论和历史哲学。惟因其遽然而逝，此书最后似未曾正式出版，故而世人少有提及。惟其内容并未散佚，仍可见其全貌。其内容据弟子徐规的《张荫麟先生著作系年目录》所讲："《通史原理》：四篇（一）《论史实之选择与综合》；（二）《论历史哲学》；（三）《论历史科学》（译）；（四）《近代西洋哲学之趋势》（译）。（将由浙江大学史地教育研究室出版。）"①

第一篇文章的源流较为复杂，也最为重要，有必要加以详述。张荫麟在卢沟桥事变爆发以前，已经完成了西汉初以前的通史写作，并发表在《大公报·史地周刊》《清华学报》和《大众知识》等刊物之上，以征求各方的批评。但是在事变以后，张氏未及带出相关稿本和资料，只身逃出北平，在1938年夏天辗转到达昆明，在西南联大任教。

荫麟住在先期抵滇的吴晗家中（白果巷寓所）。虽然此前两人因为合作编纂通史有过不愉快，但经过傅斯年的调解，② 彼此关系仍然相当投契。钱穆观察到："在昆明他（吴晗）常与张荫麟在一道。张荫麟对自己所学非常自负的，吴晗和他常往来，当然也不错，否则不会气味相投的。"③ 吴晗已将《中国史纲》长编成稿已经发表的部分誊录，张氏见到此稿，当然"高兴之至"，立即补撰第十章"改制与易代"以及长篇《自序》，也就是现今

---

① 徐规：《张荫麟先生著作系年目录》，《思想与时代》第18期，1943年1月，第39页。其中《论历史科学》一文，根据原文所示，应为《历史科学》。

② "秋间辰伯（吴晗）来言，先生以彼与仆之误会，曾贻书相规，今辰伯与仆已友好合作如初，先生力也。"见张荫麟致傅斯年，1937年1月7日，台北"中研院"史语所傅斯年档案。

③ 钱穆对逯耀东的谈话，见逯耀东：《胡适与当代史学家》，（台北）东大图书公司1998年，第304页。

所见的《中国史纲》全貌。换言之，这篇《自序》初稿的写作应在 1938 年的下半年。

不过，张氏在 1940 年 4 月，就以《通史方法略论》为题在《益世报·史学》上提前发表。[①] 到 1941 年 6 月，重庆青年书店出版《中国史纲》，这篇《自序》才名副其实地问世。两文的内容大体相同，只是《自序》在开头加上了撰述通史的必要性，并在文字上略有改正。[②] 尽管《自序》落款时间为 1940 年 2 月，但从文字的成熟度和内容异同来判断，《自序》的最后完成要晚于《通史方法略论》。

张荫麟并未以《自序》所论为满足，而是继续加以修订，将选择通史史实的标准由五种增加至六种，同时强调编年史的重要性，以及进一步厘清统贯史实的"程序"。然而尚未完成修正，便殁于贵州遵义。最后以遗著的方式（整理者谢幼伟），以《论史实之选择与综合》为题，发表于《思想与时代》第 18 期。[③] 大概由于抗战时期刊物流通不便，印刷亦颇为草率，学界对于《论史实之选择与综合》一文讨论甚少，反而更多地关注《自序》，未免有所偏蔽。

---

① 张荫麟：《通史方法略论》，《益世报·史学副刊》（重庆版），1940 年 4 月 11 日。

② 例如将"文化标准"改为"文化价值的标准"，衡诸其后所附的英文 Standard of Cultural Values，改动是合理的。

③ 张荫麟：《论史实之选择与综合》，《思想与时代》第 18 期，1943 年 1 月 1 日。以下未注明出处者，均来自该文。许冠三对此文有不同看法，他认为《自序》才是删定稿。见其前引书，第 73 页。笔者认为，为《中国史纲》作序是为该文缘起，张氏在序文完成以后，就历史研究中的史实选择与综合问题（不局限于通史），进行理论上的深入探讨；在《中国史纲》出版前夕，另在原序言稿上作了文字上的补正，如增加英文附注各种"笔削"标准。

可见，该文从 1938 年下半年开始，到 1942 年去世前仍在不断地修改，显示张氏对于此文相当重视。诚如其弟子李埏所言："《自序》所讲的，不仅是他写作《中国史纲》时所遵循的纲领，也是他治史的总则。"① 荫麟进而打算以这篇文章为主，另成《通史原理》一书。

后三篇文章的情况较为简单。所谓"论历史哲学"即《论传统历史哲学》一文，也是以"遗著"形式发表于《思想与时代》第 19 期（1943 年 2 月）；该文初稿曾在 1933 年的《国风》杂志上发表。② 前、后稿有个别字句的修改。另外两篇译文《历史科学》和《近代西洋史学的趋势》分别翻译自英国史家 J. A. Froude 和 R. H. Cretton 的作品，皆在荫麟生前发表，刊于《益世报·史学副刊》和《中国青年》。③ 总之，这四篇文章（特别是前两篇）构成了张氏初具系统的"通史原理"，值得仔细分析。

二、哲学意识批判下的通史理论

哲学家兼好友谢幼伟指出，张荫麟的《中国史纲》"就是要在哲学的意识和方法的控制下来写的"。④ 这话确是见道之言。在《自序》基础上改作的《论史实之选择与综合》首先要解决的是

---

① 李埏：《张荫麟先生传略》，《天才的史学家：追忆张荫麟》，第 174 页。
② 张荫麟：《传统历史哲学之总结算》，《国风》第 2 卷第 1 号，1933 年 1 月。
③ 佛娄德（J. A. Froude）：《历史科学》，张荫麟、容琬译，《益世报·史学副刊》（昆明版）第 23、25、26 期，1939 年 11 月 18、22、23 日；R. H. Cretton：《近代西洋史学的趋势》，张荫麟、容琬译，《中国青年》第 1 卷第 5、6 期合刊，1939 年 12 月 1 日。《历史科学》只署名容琬译。据徐规《张荫麟先生著作系年目录》，此乃张氏"口授容琬女士译"。
④ 谢幼伟：《张荫麟先生言行录》，《天才的史学家：追忆张荫麟》，第 75 页。

通史材料的选择标准问题。张氏并不满足于"重要"这一类似是而非的形容词，而是从逻辑分析的角度去考察何为"重要"。要用理智上之澄明，分析种种概念，一反中国模棱两可的传统思维方式。

张氏在《论史实之选择与综合》中指出判断史实重要程度有六个标准：即"新异性的标准"、"决定性的标准"、"实效的标准"、"文化价值的标准"、"训诲功用的标准"和"现状渊源的标准"，较《自序》多出了"决定性的标准"。许冠三教授对于此六标准的提出，评价甚高："自司马迁倡'笔削'说以来，困扰中国新旧史家二千多年的书事义理问题，至此乃有一深切而允当的现代回答。"① 但就荫麟看来，只不过是综合前人之所为。他谦称："这六种标准并不是作者新创出来的，乃是过去一切历史家部分地、不加批判地甚至不自觉地，却从没有严格地、系统地采用的。"

实际上，除了归纳前人的工作外，《论史实之选择与综合》让人印象深刻的是具备哲学的思辨性，并不以为"标准"便是确定无疑的。"新异性的标准"是指史事的新异程度，强调时空位置和内容的特殊性。就张氏看来，新异程度也不是一目了然的，既要注意同一类史事的始例和后例的新异程度不同，也要认识到新异程度的高下和新异范围的大小都必须加以顾及，而且对于新异程度的认识每每随着人类认识的发展而有不同。又如"文化价值的标准"，也不是恒久不变的，"文化价值的观念，每随时代而

---

① 许冠三前引书，第73页。

改变，故此这标准也每随时代而改变"，"史家于此可有见仁见智之异"。

按照"决定性的标准"，某史事"所决定的别些史事所占的时空范围愈大，则愈重要"。但是"决定性的大小，也是相对于一特定的历史范围而言，对于某一历史范围是决定性最大的，对于另一更广的历史范围，也许不是决定性最大的"。"现状渊源的标准"每每详近略远，但也未可一概而论，"历史的线索有沉而复浮的，历史的潮流有隐而复显的，随着社会当前的使命、问题和困难的改变，远古而久被遗忘的史迹，每复活于人们的心中"。荫麟举例说，墨翟、韩非、王莽、王安石和钟相便是如此。[①] 这两种标准加上"实效的标准"都让我们看到荫麟相当重视史事在当时和后世的影响，其历史眼光是贯通的。

前述的五种标准，都是"今后作选择的历史叙述的人所当自觉地、严格地、系统地采用的"。但是要熟练运用于通史写作并非易事，因为这五种标准"都不是有明显的分寸可以机械的辨别的"，并要熟悉整个通史的范围，才能做到权衡至当。因此，张荫麟认为"写中国通史永远是一种最大的冒险"。[②]

还有一种"训诲功用的标准"，即追求完善的模范和成败得失的鉴戒，这是传统史家的主要标准，然张氏依据近代史学的趋势而主张放弃，因此最受争议。其原因"不是因为历史不能有训诲的功用，也不是因为历史的训诲功用无注意的价值，而是因为

---

① 张荫麟：《中国史纲·自序》，重庆青年书店 1941 年，第 10 页。
② 同上书，第 11 页。

学术分工的需要"。他举例说:"历史中的战事对于战略与战术的教训,可属于军事学的范围。历史人物之成功与失败的教训,可属于应用社会学中的'领袖学'的范围。"从例子的运用上,隐约可见乃师梁启超"新史学"的影子。梁氏的《中国历史研究法》谈及"史之改造",提出"一面宜将其旧领土——划归各科学之专门,使为自治的发展,勿侵其权限;一面则以总神经系——总政府自居,凡各活动之相,悉摄取而论列之"。所举之例就是:"对于一战争,研究其地形、阨塞、机谋、进止,以察其胜负之由,兵家所有事也;综合古今战役而观兵器战术之改良进步,对于关系重大之诸役,寻其起因,而推论其及于社会之影响,史家所有事也。"① 这种观念源于近代分科治学的学术理路,史家不必懂得各种专门的学问,而要求具备高屋建瓴的综合眼光和能力。史事的训诲功用要在各专门学科的脉络里才能显现,史家或不具备相关的学识储备,因此需要放弃。另一方面,训诲功用的探索,也容易见仁见智,不能成就客观可信的"新史学"。故其在讲授历史时,很不赞成对学生进行"训诲式"的教学。②

不过,这种"新史学"的追求与当时通史家的普遍看法似乎南辕北辙。缪凤林的学生翟宗沛为《中国史纲》撰写书评,对于张氏的通史方法论大加赞赏,惟独指出训诲功用的标准"不特不可放弃,纵欲放弃也不可能",因为"史事的本身自有它的鉴戒或训诲功用乃至性质,我们只要客观忠实的写下来,这种功用和

① 梁启超:《中国历史研究法》,中华书局 2011 年,第 39 页。
② 管佩韦:《张荫麟教授的历史教学》,《天才的史学家:追忆张荫麟》,第 218 页。

性质也就不期至而自至"①。翟氏在书评中多引用乃师缪凤林的意见，受到后者的影响颇深。缪氏早已说过："欲提倡民族主义，必先昌明史学，此史之有关于民族存亡者又一也。"② 其强调训诲作用之意相当明显。其他像邓之诚《中华二千年史》、吕思勉《中国通史》和钱穆《国史大纲》等较有好评的通史作品也或多或少寄托了借古鉴今的理想。③

选择出"重要"的历史片断之后，如何将之贯穿成有"秩序"的通史作品，是张荫麟要解决的第二个问题。他比较推崇时间的"秩序"，即编年的体裁（国别通史和典制通史亦包括其中），虽然"最原始"、"最粗浅"，但却是"最客观"、"最少问题"的，也可打下进一步研究的基础。然而时间"秩序"并不能弄清史实间的一切关系，在时间"秩序"的基础上，还需要去认识因果、循环、演化（发生变化而大体不变）、矛盾发展（新旧组织体发生蜕变）和定向发展（循一定方向变化）等五种"秩序"。荫麟强调，这五种秩序并没有识见的高下之分，而是"任何通史所当兼顾并容的"。

此处明确表达出张荫麟的历史哲学，可作进一步的申论。在这五种秩序中，强调矛盾发展和定向发展的"秩序"，是界定唯物史观派（不必是后来认知的马列史家）的主要标志。其弟子李

---

① 翟宗沛：《评张荫麟先生新著〈中国史纲〉》，重庆《文史杂志》第2卷第2期，1942年2月，第92页。
② 缪凤林：《本国史》，南京钟山书局1935年，第19页。
③ 各书的具体论述，可参赵梅春：《二十世纪中国通史编纂研究》，中国社会科学出版社2007年，第25—27页。

埏指出："回想四十年代之初，当《自序》初问世时，史学界所受的影响是很大的。尤其是一般有志于史的青年，为《自序》的新颖理论和进步思想所吸引，争相传诵。"认为其中包括了唯物史观的观点。① 有意思的是，翟宗沛却看到张氏《自序》有批评唯物史观之意。因为张氏清楚指出各种"范畴"（即"秩序"）兼用也无法"统贯全部重要的史实，更不用说全部的史实，即使仅就一个特定的历史范畴而论"，这和缪凤林反对先有成见，甚至章学诚"史德"的见解精神颇为一致。② 可见 20 世纪四十年代的唯物史观固然是显学，但是也是各方争议的焦点。

其实张荫麟对于唯物史观并不陌生，而且颇有钻研。③ 1931年他就已经批评郭沫若的《中国古代社会研究》，"竟无条件地承受了那久成陈迹的、十九世纪末年的'一条鞭式'社会进化论，并担任用中国史来证明它，结果弄出许多牵强穿凿的地方"。④ 其收入《通史原理》之文《论传统历史哲学》抨击了各种先验的历史哲学，黑格尔的"目的史观"固因偏重主观意志而显得问题重重，唯物史观也因无法解释历史上的重大变化而不能成为圭臬。⑤ 李埏认为《论传统历史哲学》不过是《传统历史哲学之总结算》的"重新登出"，"但这不是他的遗愿，他已不能修改了"。⑥ 然仔

---

① 李埏：《张荫麟先生传略》，《天才的史学家：追忆张荫麟》，第 174—175 页。
② 翟宗沛：《评张荫麟先生新著〈中国史纲〉》，重庆《文史杂志》第 2 卷第 2 期，第 90—91 页。
③ 参见李政君：《张荫麟对唯物史观的认知及其演变》，《齐鲁学刊》2020 年第 6 期。
④ 素痴（张荫麟）：《评郭沫若〈中国古代社会研究〉》，《大公报·文学副刊》第 208 期，1932 年 1 月 4 日。
⑤ 张荫麟：《论传统历史哲学》，《思想与时代》第 19 期，1943 年 2 月。
⑥ 李埏：《张荫麟先生传略》，《天才的史学家：追忆张荫麟》，第 174 页。

细比较两文，确有文字修辞的不同，可见荫麟确实改过，不能说"重新登出"。荫麟对其中观点还是认可的，否则也不会收入《通史原理》。

问题在于，李埏接受乃师的言传身教数年，深为其器重，难道会误会师说？其实，张荫麟始终反对的，是所谓"生产工具决定生产关系"的公式教条，而不加历史分析的做法。他在去世前的四个月发表的《论中西文化的差异》一文中，明确指出不能只根据《共产党宣言》去讲唯物史观，马克思晚年所著的《资本论》已经放弃了前述观点。《资本论》认为无产者的存在和海外市场的需求都是英国产生资本主义的"动力"，而非蒸汽机的发明。① 张氏并开始着手撰写《马克思历史观的"晚年定论"》，可惜早逝而未能完成（今已佚）。这应是他在去世前孜孜研读《资本论》的最后成果。②

对于其他流行一时的学说，张荫麟也始终保持批判性，主张兼收并蓄，不专守任何一家之言。在浙江大学的最后岁月，张氏重点讲授英国史家巴克尔（H. T. Buckle，或译作"勃克尔"、"博克尔"）及其《英国文明史》，后者强调以地理、环境等外部因素解释和发现历史的规律性，注意统计学的方法，轻视大人物的历史作用。张氏在《论中西文化的差异》一文也提出："地理环境所助成的文化发生史上的差异，研究比较文化的人不容忽

① 张荫麟：《论中西文化的差异》，《思想与时代》第 11 期，1942 年 6 月。
② 李埏回忆，荫麟在昆明时，"在案头或枕边常放着一部'人人丛书'（Everyman's Library）本的《资本论》"。见其《张荫麟先生传略》，《天才的史学家：追忆张荫麟》，第 192 页。

视。”故有中国与西方文化的比较，乃是内陆、农业的文化与海洋、海外贸易文化的比较。① 但是张氏显然不以此为满足，藉着翻译英国史家佛娄德（J. A. Froude）的《历史科学》一文（并收入《通史原理》），批判继承了巴克尔之说，表达了"环境并非一切"、史家不该"理论化"而应"忠于事实"的观点。② 他明确站在史家的立场，认为判断某种理论成立与否，"全视乎事实上之从违，苟与事实不符，则其所依据一切理论上之演绎俱无当也"。③

那么，荫麟自己的历史哲学又是如何的呢？在《史实》一文的最后，他谈到史实的"偶然"问题。史家只有寻觅到"秩序"开始时的"偶然"史实，才最终尽到解释之责。换言之，各种"秩序"的发生，都具有偶然性，而且不可再加分析。其说显然不承认有历史规律的存在，实际就否认了各种目的史观或纯粹意义上的历史哲学。贺麟曾说过：荫麟虽然志在史学，但是"对于与史学有密切联系的历史哲学、文化哲学或哲学史，他却不甚措意"。④ 这话说得过于绝对，但某种程度上亦能反映荫麟贯彻始终的经验主义的史学立场。

在张氏看来，"贯穿史材之最好的线索是事实本身的脉络，而不是现成的'史观'，求之于现成的'史观'只是不得已而思

① 张荫麟：《论中西文化的差异》，《思想与时代》第 11 期，1942 年 6 月。
② 〔英〕佛娄德：《历史科学》，张荫麟、容琬译，《益世报·史学副刊》（昆明版）第 23、25、26 期，1939 年 11 月 18、22、23 日。另可参李孝迁：《巴克尔及其〈英国文明史〉在中国的传播和影响》，《史学月刊》2004 年第 8 期。
③ 张荫麟：《论传统历史哲学》，《思想与时代》第 19 期，第 14 页。
④ 贺麟：《我所认识的荫麟》，《天才的史学家：追忆张荫麟》，第 43 页。

其次"。① 各种史观或理论当然可以参考，哲学不妨取其逻辑分析
的部分，巴克尔可给予扩充视野的启示，柏格森又可带出注重人
物内心的感觉。② 其撰写《中国史纲》的实践，正是想走出一条
兼容并包之路，要做到"社会的变迁，思想的贡献，和若干重大
人物的性格，兼顾并详"。③

三、《通史原理》的知识语境及相关争议

前述的文本分析显示出荫麟的通史理论具有浓重的哲学色
彩，且能同时进行专门的哲学研究，这在近代中国史家中实不多
见。王国维早年嗜好叔本华和康德之哲学，三十岁以后闭口不
谈，转治中国古代经史。④ 傅斯年在留学欧洲期间，也曾对哲学
下过一番功夫，然终究放弃。他在回国前写信给胡适："后来觉
得不能懂得德国哲学的书了，觉得德国哲学只是些德国语言的恶
习惯。……我的脑筋对于一切哲学都成石头了。我于这个成绩，
也很喜欢。"甚至庆幸中国没有哲学。⑤ 哲学和史学，一主抽象之
思，一为具体之学，似乎难以兼于一身。难怪连颇为自负的熊十
力也会感慨荫麟逝世之可惜："今之言哲学者，或忽视史学。业
史者，或诋哲学以玄虚。……吾因荫麟先生之殁，而深有慨乎其

① 中学本国史教科书编纂会：《关于中学国史教科书编纂的一些问题》，《大公报·史
　地周刊》第 24 期，1935 年 3 月 1 日。
② 张荫麟：《柏格森（1859—1941）》，《思想与时代》第 1 期，1941 年 8 月。
③ 张荫麟：《中国史纲·初版自序》，正中书局 1948 年，第 1 页。
④ 王国维：《自序一》，傅杰编校：《王国维论学集》，中国社会科学出版社 1997 年。
⑤ 傅斯年致胡适，《胡适遗稿及秘藏书信》第 37 册，黄山书社 1994 年，第 359 页。

规模或遂莫有继之者也。"①

　　荫麟"少年笃嗜尼采、叔本华之说",②在清华学校选修过金岳霖的"哲学问题"和"逻辑"等哲学课程,成绩优良,③开始注重逻辑分析的方法。后成为1929届100多名清华留美学生中主攻哲学的两人之一(另一人为谢幼伟)。④入读的斯坦福大学哲学系属于杜威实验主义的阵营,并不为荫麟所喜。其硕士论文《摩尔与杜威:两种伦理观的比较》的观点更倾向于摩尔。⑤对于系里的必修课程"中世纪哲学"及"宗教改革史","素不喜此,格格不入,而又不能不应付,每一展卷如饮黄连"。⑥所以后来才前往加州大学借读近一年,研修数理逻辑课(mathematical logic)。⑦

　　至此,荫麟才真正确立起自己未来的哲学走向。谢幼伟指出:"彼于哲学上各部门中,于逻辑兴趣最浓,尤于现代数理逻辑,颇有研究。"⑧荫麟在一篇文章中也谈到:"没有充分的数学预备,没有了解现代科学发现的能力,却来侈谈形上形下,那岂不是痴人说梦吗!我奉劝中国治哲学的人们:从故纸堆里(不管

---

① 熊十力:《哲学与史学——悼张荫麟先生》,《思想与时代》第18期,1943年1月。
② 《张荫麟君事略》,《中国社会经济史集刊》第7卷第1期,1944年6月,第1页。
③ 《张荫麟清华学校成绩表》,藏于美国斯坦福大学档案馆。
④ 谢幼伟:《张荫麟先生言行录》,《天才的史学家:追忆张荫麟》,第67页。
⑤ 张荫麟:《摩尔与杜威:两种伦理观的比较》,劳悦强译,陈润成、李欣荣编:《张荫麟全集》,清华大学出版社2013年。
⑥ 张荫麟致容庚,1930年2月28日,广东省立中山图书馆容庚档案。
⑦ 谢文通口述:《记历史学家张荫麟》,《广州文史资料》第38辑,广东人民出版社1988年。
⑧ 谢幼伟:《张荫麟先生之哲学》,《思想与时代》第18期,第14页。另有悼文亦指出,"中岁转宗新实证主义,颇亦学《易》,复精研数理逻辑"。见《张荫麟君事略》,《中国社会经济史集刊》第7卷第1期,第1页。

康德、黑格尔……）出来到实在的世界里去!"① 这种看法与五四时代的傅斯年有着惊人的一致性。傅氏指出："在于西洋，凡欲研治哲学者，其算学知识，必须甚高，其自然科学知识，必具大概。"② 区别只在于傅氏留学最终选择了历史学和语言学结合的道路，③ 而荫麟则通过哲学得到史学方法上的启示。1933 年，其给张其昀的信中便自言："国史为弟志业，年来治哲学，治社会学，无非为此种工作之预备。从哲学冀得超放之博观与方法之自觉，从社会学冀明人事之理法。"④ 正是有了这种方法论的自觉，才使得荫麟在众多通史家中独树一帜，别样不同。

不妨与被陈寅恪誉为"一篇大文章"⑤ 的钱穆《国史大纲·引论》作比较。《引论》提出："此新通史应简单而扼要，而又必具备两条件：一者必能将我国民族以往文化演进之真相，明白示人，为一般有志认识中国以往政治、社会、文化、思想种种演变者所必要之智识；二者应能于旧史统贯中映照出现中国种种复杂难解之问题，为一般有志革新现实者所必备之参考。"⑥ 但何为"必要之智识"和"必备之参考"，则要靠史家各人的认定和解释。钱书洋溢着为传统文化张目的鲜明个性，但明显缺乏为普遍通史作法则的意愿。因此《通史原理》（特别是《论史实之选择

---

① 张荫麟：《代戴东原灵魂致冯芝生先生书》，《大公报·世界思潮》第 14 期，1932 年 12 月 3 日。
② 傅斯年致蔡元培，1918 年 8 月 9 日，《傅斯年遗札》第 1 卷，第 3 页。
③ 王汎森：《傅斯年：中国近代历史与政治中的个体生命》，三联书店 2012 年，第 74—75 页。
④ 张荫麟：《与张其昀书》，《思想与时代》第 18 期，扉页。
⑤ 钱穆：《八十忆双亲　师友杂忆》，三联书店 1998 年，第 228 页。
⑥ 钱穆：《国史大纲·引论》，商务印书馆 1996 年修订第 3 版，第 8 页。

与综合》一文）追求通史的客观性，分析何为"重要"，更具指导通史写作的操作性，同时亦反映出张氏倾向于追求客观、科学、严密的史学。

对于张荫麟的《中国史纲》及其通史理论，学界向有佳评，但也有极少数的质疑之声，方豪的意见可为代表。方豪在荫麟去世后不久草成一文以作纪念，大概文中所述颇悖时论，因此久置书箧秘不发表，直到 1980 年才刊于《书目季刊》。其文"断言通史之作，决非君成功之业"，因为荫麟未能做到自悬之通史理想。一是史料长编未成，二是早逝未能作重要修改，三是未尝涉猎地理之学，不晓历史环境。

最具争议性的是方豪指出："君又有遗稿曰《通史原理》，上篇为《论史实之选择与综合》，曾摘载于中国青年书店出版之《中国史纲》，下篇为《论传统历史哲学》，曾发表于《国风》杂志二卷一期；附录二：一为 J. A. Froude 之《论历史科学》……一为 R. H. Crehon 之《近代西洋史学之趋势》。……据君自序，则前二篇亦译文也，惟未注明出处耳。"[1] 徐规在 1943 年元旦出版的《张荫麟先生著作系年目录》指出，《通史原理》"将由浙江大学史地教育研究室出版"，即其时尚未正式出版；除方豪自称见过外，并无他人提及已经出版，[2] 其说可谓孤证。因此，《通史原理》或未曾正式出版，或因流传极少而湮没在历史尘埃当中，

---

[1] 方豪：《略论张荫麟先生在史学上之成就》，《天才的史学家：追忆张荫麟》，第 480 页。

[2] 有研究者指出：《传统历史哲学之总结算》"为撰者专著《通史原理》之一篇，因该书迄未付梓，特先单印，名为《论传统历史哲学》，以供读者之诵览云尔"。宋晞：《论传统历史哲学·序》，台北华冈出版社 1953 年。

方豪所说的根据——该书自序自然也不存在。

20 世纪八十年代黎华赵的硕士论文《张荫麟研究》认为方豪缺乏作伪的动机，其说"当属可信"，"若然，则张氏之通史方法论仅为译介外国学者之成说而已"。① 其实要辨析此说并不复杂，虽然《通史原理》已不可寻，但是《论史实之选择与综合》的同源之本——《自序》和《通史方法略论》皆在荫麟生前以个人著述的形式发表，《论传统历史哲学》的前身《传统历史哲学之总结算》亦是如此（发表于 1933 年），从证据效力上讲，自然要优于方豪所讲的孤证。

再从史料的内部批评看，《自序》的最后一段指出："作者已把他的通史方法论和历史哲学的纲领表白。……到底他的实践和他的理论相距有多远，愿付之读者的判断。"② 自视著作之意甚明。另外，在 1936 年荫麟向中国哲学会第二届年会提交了一篇论文《历史哲学的根本问题》，其中已经提出如何将历史组成五种"严格的系统"，以及历史存在相对或绝对的"偶然性"的问题。③ 可见这些都属于荫麟的创见。再者，若《通史原理》四篇文章同为译作，又何必有上下篇与附录之分？

综上言之，《通史原理》体现出张荫麟贯通史哲的努力，其中所提出的通史选材六种标准和综合史材的五种"秩序"，为其特创之见。诚如谢幼伟所讲，"其研究历史之有成就，由于其有

---

① 黎华赵：《张荫麟研究：生平、著述及其史学》，台湾师范大学历史研究所硕士论文，1981 年 6 月，第 304 页。
② 张荫麟：《中国史纲·自序》，第 15 页。
③ 张荫麟：《历史哲学的根本问题》，《哲学评论》第 7 卷第 2 期，1936 年 4 月。

哲学论理之根底也"。[1] 然其以哲学思维澄清纷繁复杂的历史事实，并非打算以抽象凌驾具体，运用起来亦非僵化，而是谨守史家的经验主义立场，加以评判和损益。由此而及于当代史学，三十年前已有学人提出"走向跨学科的新史学"的呼吁，[2] 至今成功实践者似不多见，张氏之经历不妨取为借鉴，或许有所助益。

---

① 竺可桢：《竺可桢日记》第 1 册，1942 年 11 月 2 日，人民出版社 1984 年，第 623 页。
② 罗志田：《走向跨学科的新史学》，《读书》1993 年第 10 期。

论史实之选择与综合[*]

（一）史实的选择标准

历史研究有两种。在一种的历史研究里，我们可以把研究范围以内的史实，细大不捐，应有尽有的收入叙述里；我们自患所知之少，不患所知之多。这种研究也许是范围狭窄，本来所容的史实不多，也许是范围虽广，而见存史料贫乏。在这种研究里，没有史实选择的问题。但在另一种的历史研究里，我们的对象是一个广大的史实的库藏，也许穷个人一生之力亦不能把它的内容完全登记。即使它的内容完全被登记，也没人愿意把这记录一读。即便有人愿意把这记录一读，也苦于目迷五色，茫无头绪。在这种情形之下，史家在叙述里必须把所知道的史实大加省略。他所省略的，也许要比他所采取的多几百千倍。从过去史家的著作看来，这种去取似乎没有什么客观的标准。没有两个史家对于同一历史范围之选择的叙述在题材上会有大致的符合。所谓"笔则笔，削则削，游夏不能赞一词"；所谓"成一家之言"；至少有一部分是表示这事实。无怪佛禄德（Froude，十九世纪英国史家）把历史比于西文的缀字片，可以

* 本文原载《思想与时代》第 18 期（1943 年 1 月），以"遗著"形式发表。

任随人意，拼成他所喜欢的字了。但我们不能以这样情形为满足。我们无法可以使两个以上史家，对于同一历史范围的选择的叙述去取全同，如自一模铸出，除是他们互相抄袭。但我们似乎应当有一种标准，可以判断两种对象相同而去取不同的历史叙述，孰为合当，孰为高下。这标准是什么呢？

读者对于此也许会想到一个现成的答案。韩愈不早就说过"记事者必提其要"吗？最能提要的历史叙述，最能按照史事的重要程度以为详略的历史叙述，就是选材最合当。"笔削"的标准就在史事的重要性。但这答案只把问题藏在习熟的字眼里，并没有真正解决问题。什么是史事的重要性？这问题殊不见得比前一问题更为浅易。须知一事物的重要性或不重要性，并不是一种绝对的情实，摆在该事物的面上，或蕴在该事物的内中，可以仅就该事物的本身检察或分析而知的。一事物的重要性或不重要性，乃相对于一特定的标准而言。什么是判别重要程度的标准呢？

"重要"这一概念，本来不只应用于史事上，但我们现在只谈史事的重要性，只探究判别史事的重要程度的标准。"重要"一词，无论应用于日常生活上，或史事的比较上，都不是"意义单纯"的，有时作一种意义，有时作别一种意义。因为无论在日常生活上，或史事的比较上，我们判别重要程度的标准都不是唯一无二的。我们有时用这标准，有时用那标准，而标准的转换我们并不一定自觉。唯其如此，所以"重要"的意义甚为模糊不清。在史事的比较上，我们用以判别重要程度的，可以有六种不同的标准。这六种标准并不是作者新创出来的，乃是过去一切历史家部分地、不加批判地、甚至不自觉地，却从没有严格地、系统地采用的。现在要把它们列举出来，加以考验。

第一种标准可以叫做"新异性的标准"。每一件历史的事情，都在时间和空间里占一特殊的位置。这可以叫做"时空位置的特殊性"。此外它容有若干品质，或所具若干品质的程度，为其他任何事情所无。这可以叫做"内容的特殊性"。假如一切历史的事情，只有时空位置的特殊性，而无内容的特殊性，或其内容的特殊性微少到可忽略的程度，那么，社会里根本没有"新闻"，历史只是一种或若干种量状的永远持续或循环，我们从任何历史的"横剖面"可以推知其他任何历史的"横剖面"。一个社会的历史假若是如此，则它只能有孔德所谓"社会静力学"，而不能有他所谓"社会动力学"；那么，它根本不需要有写的历史，它的"社会静力学"就可以代替写的历史。现存许多原始民族的历史虽不是完全如此，也近于如此，所以它们的历史没有多少可记。我们之所以需有写的历史，正因为我们的历史绝不是如此，正因为我们的史事富于"内容的特殊性"，换言之，即富于"新异性"。众史事所具"内容的特殊性"的程度不一，换言之，即所具"新异性"的程度不一。我们判断史事的重要性的标准之一即是史事的"新异性"。按照这标准，史事愈新异，则愈重要。这无疑地是我们有时自觉地或不自觉地所采用的标准之一。关于这标准有五点须注意。第一，有些史事在当时是富于新异性的，但后来甚相类似的事接叠而生，那么，在后来，这类事便减去新异性，但这类事的始例并不因此就减去新异性。第二，一类的事情若为例甚稀，它的后例仍不失其新异性，虽然后例的新异性程度不及始例。第三，新异性乃是相对于一特殊的历史范围而定。同一事情对于一民族或一地域的历史而言，或对于全人类的历史而言，其新异的程度可以不同。例如十四世纪欧洲人之应用罗盘针于航海，此事对于人类史而言的新异程度，远不如其对于欧洲而言的新异程度。因为在十二世纪中国人早已应用罗盘针于航海了。第四，新异性乃是相对我们的历史智识而言。也许有的史事本来新异的程度很低，但它的先例的存在为我们所不知，因而在我们看来，它的新异程度是很高的。所以我们对于史事之新异性的见解，随着我们的历史智识的进步而改变。第五，历史不是一盘散沙，众史事不是分立无连的；我们不仅要注意单件的史事，并且要注意众史事所构成的全体；我们不仅要注意社会之局部的新异，并且要注意社会之全部的新异；我们不仅要注意新异程度的高下，并且要注意新异范围的大小。新异性不仅有"深浓的度量"，并且有"广袤的度量"。设如有两项历史的实在，其新异性之"深浓的度量"可相颉颃，而其"广袤的度量"相悬殊，则"广袤的度量"大者，比小者更为重要。

第二种标准可以叫做"决定性的标准"。我们得承认历史里有因果的关系，有甲事决定乙事、丙事、丁事……的事实；姑不论所谓"因果"、所谓"决定"的正确解释如何，按照这标准，史事的决定性愈大，换言之，即其所决定的别些史事所占的时空范围愈大，则愈重要。决定性的大小，也是相对于一特定的历史范围而言，对于某一历史范围是决定性最大的，对于另一更广的历史范围，也许不是决定性最大的。

假如我们的历史兴趣完全是基于对过去的好奇心，那么，"新异性的标准"和"决定性的标准"也就够了。但事实上我们的历史兴趣不仅发自对过去的好奇心，所以我们还有别的标准。

第三种标准可以叫做"实效（Practical Effect）的标准"。这个名词不很妥当，姑暂用之。史事所直接牵涉和间接影响于人群的苦乐者，有大小之不同。按照这标准，史事之直接牵涉和间接影响于人群的苦乐愈大，则愈重要。我们之所以有这标准，因为我们的天性，使得我们不仅关切于现在人群的苦乐，并且关怀于过去人群的苦乐。我们不能设想今后史家会放弃这种标准。

第四种标准可以叫做"文化价值的标准"。所谓文化价值即是真与美的价值。按照这种标准，文化价值愈高的事物愈重要。我们写思想史、文学史或美术史的时候，详于灼见的思想而略于妄诞的思想，详于精粹的作品而略于恶劣的作品（除了用作形式的例示外），至少有大部分理由是依据这标准。假如只用"新异性的标准"，则灼见的思想和妄诞的思想，精粹的作品和恶劣的作品，可以有同等的新异性，也即可以有同等的重要性，而史家无理由为之轩轾。但事实并不如此。文化价值的观念，每随时代而改变，故此这标准也每随时代而改变。有些关于文化价值的比较判断（如有些哲学见解的真妄，有些艺术作品的高下），至今还不能有定论，史家于此可有见仁见智之异。

第五种标准可以叫做"训诲功用的标准"。所谓训诲功用有两种意义：一是完善的模范；二是成败得失的鉴戒。按照这标准，训诲功用愈大的史事愈重要。旧日史家大抵以此标准为主要的标准。近代史家的趋势，是在理论上要把这标准放弃。虽然在事实上未必能彻底做到。依作者的意见，这标准在史学里是要被放弃的。所以要放弃它，不是因为历史不能有训诲的功用，也不是因为历史的训诲功用无注意的价值，而是因为学术分工的需要。例如历史中的战事对于战略与战术的教训，可属于军事学的范围。历史人物之成功与失败的教训，可属于应用社会学中的"领袖学"的范围。

第六种标准可以叫做"现状渊源的标准"。我们的历史兴趣之一，是要了解现状，是要追溯现状的由来。众史事和现状之"发生学的关系"有深浅之不同，至少就我们所知是如此。按照这标准，史事和现状的"发生学的关系"愈深，愈有助于现状的解释，则愈重要。大概的说，愈近的历史和现状的"发生学的关系"愈深，故近今史家每以详近略远为旨。然此事亦未可一概而论。历史的线索有沉而复浮的，历史的潮流有隐而复显的，随着社会当前的使命、问题和困难的改变，远古而久被遗忘的史迹，每复活在人们的心中。

以上的六种标准，除了第五种外，皆是今后作选择的历史叙述的人所当自觉地、严格地、系统地采用的。不过它们的应用，远不若它们的列举的容易。五面俱顾的轻重的比较，已是一样繁难的事。而且这五种尺度都不是有明显的分寸可以机械的辨别的。再者，要轻重的权衡臻于至当，必须熟习整个历史范围的事实。而就有些历史范围而论，这一点会不是个人一生的力量所能做得到的。所以对于有些历史范围，没一种选择的叙述能说最后的话，所以有些选择的历史叙述的工作，永远是一种冒险。

（二）史实的综合

以上论通史之去取详略的标准。

其次，我们对于任何通史的对象的知识都是一片段一片段地积累起来的。怎样把先后所得的许多片段构成一个秩序，这是通史家所碰到的第二个大问题。自然这里所谓秩序，不能是我们随意想出的秩序，而必须是历史里本有的秩序。那么历史里本有些什么秩序呢？

最原始的历史秩序乃是时间的秩序。所谓时间的秩序就是史事发生的先后。采用这秩序就是把史事按发生的先后来排列。最原始之综合的历史记载，都是单纯地采用这秩序的，都是编年排月的，都是所谓"春秋"。自然，以时间秩序为纲领的历史记载，不一定要编年排月。第一，因为有些史实的年月日，已不可考。第二，因为有些史实的年月，我们不感兴趣。第三，有些史实的时间位置是不能以年月日来定的，例如典章制度。这种秩序的要素在时间的先后而不在时间的细密的度数。

时间的秩序可分为两种：一、单纯的，二、复合的。复合的时间秩序又可分为两种。第一是以时间为经而以史事之地域的分布为纬的，这可称为分区的时间秩序。第二是以时间为经而以史事的类别为纬的，这可称为分类的时间秩序。采用单纯的时间秩序的历史叙述，可称为纯粹的编年体，例如《春秋》是也。采用分区的时间秩序的历史著述，可称为分区的编年体，例如《三国纪年》是也。采用分类的时间秩序的历史叙述，可称为分类的编年体，例如《通典》、《文献通考》及种种"会要"是也。过去的"正史"大体上可说是纯粹编年体和分类编年体的组合，或纯粹编年体、分区编年体和分类编年体的组合。

现在凡作综合的历史叙述的人，都会轻视这些"编年"的体裁而不屑采用了。但编年的体裁虽然是最粗浅的，却是比较最客观的，因为原始的秩序的认识是最少问题的。初作综合的历史研究的人，对于历史的本质还没有深刻的认识的人，最聪明的办法还是谨守"编年"的体裁，因为这样，他的结果虽不是 final 却可以是 conclusive，别人还可以利用他的结果作更进一步的综合。否则会"画虎不成"，工夫白费的。即使就艺术的观点论，编年体亦未可厚非。第一流的小说也有用日记体裁写成的。

但是我们毕竟不能以原始的秩序为满足。因为史实不仅有原始的秩序。只认识它们的时间秩序并不能完全了解它们。要完全了解一件事实就是要知道它和别的事实间的一切关系。这也许是不可能的。但我们对于一件事实和别的事实间的关系所知愈多，则对它的了解愈深。

那么除了上说原始的秩序外，历史还有什么秩序呢？

第一是因果的秩序。每逢我们可以说甲件特殊的事致到乙件特殊的事，或甲件特殊的事决定乙件特殊事时，我们也就可以说甲乙之间有因果的关系。我认为因果的关系是简单不可分析的，因此也是不能下定义的；说甲乙两事有因果的关系，逻辑上并不涵蕴着有一条定律，按照它，我们可以从甲的存在而推定乙的存在，或从乙的存在而推断甲的存在，虽然事实上有时也许如此。史事间之有因果的关系是谁也不能否认的。因果的秩序理论上可以有两种方式。一是简单的，即自始至终、一线相承的。二是复杂的，即是无数的因果线索参伍综错而构成的"因果网"。在因果的秩序里，并不是没有偶然的事。就单纯的因果秩序而论，这单纯的因果线索不能是无始的，它的开端就必定是不受决定的，就必定是偶然的。它的开端若受决定，便不是真正的开端，而决定这开端的事才是真正的开端。它若有真正的开端，则必有不受决定的事，即必有偶然的事。就复杂的因果而论，那些始相平行而终纠结的许多因果线索，各有其偶然的开端。有那么多由分而合的因果线索，就有那么多偶然的事。历史里的因果秩序不是简单的，而是复杂的，故历史里可以有许多偶然的事。

任何历史范围不仅包涵有"因果网"，并且它的全部的史实都在"因果网"之内。不仅它的全部史实都在"因果网"之内，并且它的全部史实构成一整个的"因果网"。这三句话意义上大有差别。说一历史范围包涵有"因果网"，并不否认它的史实可以有些落在"因果网"之外；而说它的全部史实都在"因果网"之内，则否认之。说它的全部史实都在"因果网"之内，并不否认它可以包涵有众多各自独立的"因果网"；说它的全部史实构成一整个的"因果网"，则否认之。若"历史范围的全部史实都在因果网之内"，则我们说它的因果秩序是完全的，否则说它的因果秩序是不完全的。若一历史范围的全部史实构成一整个的"因果网"，则我们说它的因果秩序是一元的，否则说它的因果秩序是多元的。下文凡说某一种秩序是完全的或不完全的，一元的或多元的，其义准此。

因果的秩序是建筑在单纯的时间秩序之上的，它逻辑上预断（Presupposes）单纯的时间秩序，它可称为历史的第二层秩序。同样可以建筑在单纯的时间秩序之上，逻辑上预断了时间秩序的第二层秩序还有四种：一曰循环的秩序，二曰演化的秩序，三曰矛盾发展的秩序，四曰定向发展的秩序。这四者和因果秩序是并行不悖的。但它们和因果的秩序有这一点重要的不同。因果的秩序是任何历史范围所必具的，并且在任何历史范围里是完全的，并且在任何的历史范围里是一元的。但这四种第二层的秩序则不然。它们中的任何一种不是任何历史范围所必具的；即使为某一历史范围所具，它所具这种秩序也不一定是完全的；即使它所具这种秩序是完全的，也不一定是一元的。

以下分释这四种第二层秩序。

（1）循环的秩序。——说历史里有循环的秩序，就是说，我们可以把历史分为若干段落，这些段落都是有一方面或数方面相类似的历程。譬如说："天下之生久矣，一治一乱。"这就是说历史里有治乱的循环，也就是说我们可以把历史分为若干段落，每一段落都是由治而乱，或由乱而治的历程。这一切段落有一方面相似，即由治而乱，或由乱而治。这种循环，历史里是可以有的。但若说历史里有循环的秩序，就是说我们可以把历史分为若干段落，而这些段落都是完全相似的，这种循环却是历史里所无的。再者历史循环的周期是没有一定的，如像"五百年必有王者兴"，或"江山代有才人出，管领风骚二百年"等类的话，严格说来，必定是妄的。

（2）定向发展的秩序。——所谓定向的发展，是一种变化的历程，其诸阶段互相适应，每一阶段为其后继的阶段的准备，而诸阶段是循一定的方向，趋一定鹄的者。这鹄的不必是预先存想的目标，也许是被趋赴于不知不觉中的。这鹄的也许不是单纯的，而是复杂的。

（3）演化的秩序。——所谓演化，乃是一串连续的变化，其间每次变化所归结的景状或物体中有新异的成分出现，惟这景状或物体仍保存它的前立（谓变化所从起的景状或物体）的主要形构，所以在一演化的历程里，任何变化所从起和所归结的景状或物体，必大体上相类似，吾人总可认出其一为其他的"祖先"。唯一演化历程所从始，与所归结（此始与终皆我们思想所随意界划的）的景状或物体，则可以剧异，我们若不是从历史上追溯，决不能认识它们间的"祖孙"的关系。

（4）矛盾发展的（Dialectical）秩序。——所谓矛盾的发展是一变化的历程肇于一不稳定的组织体，其内部包涵矛盾的各个元素；随着组织体的生长，它们间的矛盾深显，最后内部的冲突把这组织体绽破，它转变成一新的组织体，旧时的矛盾的元素消失而被容纳于新的组织体中。

这四种秩序和因果的秩序是任何通史所当兼顾并容的。

对此我们可以解说历史中所谓偶然的意义。凡带有时间性的秩序（包括因果、循环、演化、定向发展和矛盾发展），都不能无所托始，至少就我们知识的限制和叙述的需要而论是如此。它们之所托始，都可以说是偶然的。这是偶然的第一义。（一个"因果网"也许包涵许多因果的线索，各有所始。它们的所始不同时，而皆可说是偶然的。此所谓偶然，亦属第一义。）一个历史范围里的史事，若在某一种带时间的秩序（前说五种之任何一种）里没有地位，即为这种秩序所不受支配，则这件史事，就这范围而论，对于这种秩序而言，是偶然的。这是偶然的第二义。对于因果的秩序而言，第一义的偶然是没有的，因为没有一历史范围不是完全为因果的秩序所支配的。

无论就第一义或第二义而言，凡本来是偶然的事，谓之本体上的偶然。凡本未必为偶然而因为我们的智识不足觉其为偶然者，谓之认识上的偶然。历史家的任务之一是要把历史中认识上的偶然尽量减少。

论传统历史哲学*

　　传统上所谓历史哲学之性质，可以一言赅之：即探求过去人事世界中所表现之法则。然历史法则之种类不一。过去学者或认此种，或认彼种，历史法则之探求为历史哲学；是故传统历史哲学之内容殊乏固定性。然此不固定之中却有固定者存：即历史法则之探求是已。本文之任务，在学过去主要之"历史哲学"系统而一一考验之，抉其所"见"，而祛其所"蔽"，于是构成一比较完满之历史观。

　　以吾所知传统的历史哲学家所探求之法则可别为五类：

　　（一）历史之计划与目的

　　（二）历史循环律

　　（三）历史"辩证法"

　　（四）历史演化律

　　（五）文化变迁之因果律

　　此五者并非绝对分离。容有一类以上之结合以构成一家之历史

---

* 本文以"遗著"形式发表于《思想与时代》第 19 期（1943 年 2 月 1 日）。系张氏对其《传统历史哲学之总结算》（载于《国风》杂志第 2 卷第 1 期，1933 年 1 月 1 日）略作修改而成。

哲学，然为逻辑上之便利起见，下文将分别讨论之。

一、目 的 史 观

第一种所谓历史哲学即认定全部人类历史乃一计划，一目的之实现而担任阐明此计划及目的之性质。此派历史哲学可称为目的史观，其主要代表者，自当推黑格尔。彼之《历史哲学》演讲稿为影响近百年西方史学思想最巨之著作。过去"历史哲学"之名几为目的史观所专利。因之否认此种学说者遂谓历史哲学为不可能。

目的史观之最原始的形式即谓全部人类历史乃一天志之表现，谓有一世界之主宰者，按照预定计划与目的而创造历史，此即基督教说之一要素，其在西方史学界之势力，至近半世纪始稍衰。虽黑格尔犹未能脱其羁轭。（参看黑氏《历史哲学》，Universal Literature Library 本，第 57 至 60 页）神学史观吾认为现在无讨论之价值，下文将不涉及。虽然，"人类史为一计划，一目的之实现"之命辞，除却神学的解释以外，遂无其他可能之意义欤？有之，即谓："人类历史乃一整个的历程，其诸部分互相关结，互相适应，而贯彻于其中者有一种状况，一种德性，一种活动或一种组织之积渐扩充，积渐增建以底于完成，一若冥冥之中有按预定之计划而操持之者然。"此种渐臻完成之对象，即可称为"历史之目的"。此为理论经上持目的史观者所能希望以史象证明之极限。至史象果容许如此之解释与否，则为一事实问题，过去持目的史观者之所成就离此极限尚不知几许远，曾无一人焉能将全部或大部分人类历史范入此种解释之中。吾人亦无理由可信他日将有人能为此，然彼等不独认此理想之极限为不成问题之事实，甚且超于此极限之外而作种种形上学之幻想，与未来之推测，而以为皆历史事实所昭示者焉。遂使《历史哲学》几成为一种不名誉之学问，为头脑稍清晰之哲学家所羞称，此则黑格尔之徒之咎也。

请以黑格尔之历史哲学为例。彼之主要论点之一，即谓"世界之历史不外是对于自由之觉识之进步"，其进展之阶段：则第一，在东方专制国家（中国、印度、波斯）中只知有一人（君主）之自由；第二，在希腊罗马建筑于奴隶阶级上之共和政治中只知有一部分人之自由；其三，在黑氏当世欧洲之立宪政治中人人自觉且被承认为自由。故曰"欧洲（黑氏当世这欧洲）代表世界历史之究竟"。换言之，在黑氏时代以后，人类世界将不复能有新奇之变迁矣。

黑氏号称已证明全世界全人类之历史为一有理性之历程，为一目的之实现。（同上，第54至64页）而实际上彼所涉及者仅人类历史中任意选择之一极小部分，在时间上彼遗弃一切民族在未有国家以前之一切事迹。彼云："诸民族在远到此境地（国家之成立）之前容或已经历长期之生活，在此期内容或已造就不少文明。然此史前时期乃在吾人计划之外，不论继此时期以后者为真历史之产生，抑或经此时期之民族，永不达到法治之阶段。"此之割弃有何由？其理由即在如上所示"真历史"与"假历史"之分别。黑氏以为一民族在未有国家，未有志乘（志乘为国家之产物）以前之事迹，纵可从遗物推知，然"以其未产生主观的历史，志乘亦缺乏客观历史"（同上，第13页）夫具客观的历史之事迹云者，（如引语之上文所示）即曾经发生于过去之事迹而已。谓曾经发生于过去之事迹为缺乏客观的历史，若非毫无意义之谰呓，即自相矛盾。夫同是发生于过去之事变，其一产生志乘，其一未产生志乘；今称前者为"真历史"，后者为非"真历史"，除以表示此之差别以外，更能有何意义？此新名之赠予，岂遂成为割弃世界之历史之大部分于历史哲学范围外之理由？盖黑氏发现人类历史中有一大部分无法嵌入于历史哲学中，而又不能否认其实在，于是只得"予狗以恶名而诛之"。

在空间上，黑氏亦同此任意割弃。彼所认为人类史之舞台只限于温带。"在寒带及热带中无属于世界史的民族存在之地。"然即温带国家之历史彼亦未能尽赅。关于北美洲彼但以"属于未来之境土"一语了之。于东方彼虽涉及中国、印度、波斯，然无法以之与欧洲历史联成一体，其叙东方不过为陪衬正文之楔子而已。即北欧之历史彼亦须割弃夺其大半。故曰"东亚之广土与通史之发展分离，而于其中无所参预；北欧亦然，其加入世界史甚晚，直至旧世界之终，于世界史无所参预，盖此乃完全限于环地中海诸国。"（同上，第144页）可知黑氏所谓历史哲学仅是地中海沿岸诸民族有国家以后之历史之哲学而已。而猥曰"世界史为一有理性之历程"，猥曰"世界之历史不外是自由认识之进步"，其毋乃以名乱实乎？地中海沿岸可以为"世界"，则太平洋沿岸何以不可为"世界"？里海沿岸何以不可为"世界"？甚哉！黑氏之无理取闹也。

即置其空间上以部分为全体之谬妄不论，其以一人之政治自由之觉识包括全部东方史，以少数人之政治自由之觉识包括全部希腊罗马史，以全民之政治自由之觉识包括全部近世欧洲史，亦属挂一漏万。姑无论在任何时代政治仅为人群生活之一方面，其他方面如经济、宗教、学术，不能完全划入政治范围之内。且一民族在其政制确立以后，直至影响自由观念之政治改革发生以前，其间每经过悠长之时期。此时期之历史可谓全无"自由之觉识之进步"。在黑氏历史哲学中对于此时期之历史，除否认其为"历史"以外，直无法处置。

然黑氏之妄更有甚者。彼不独认世界史"不外是自由之觉识之进步"，且认此之进步为一"世界精神"，一操纵历史的势力之活动结果。此精神者，"以世界史为其舞台，为其所有物，为其实现之境界。彼之性质非可在偶然机遇之浅薄的游戏中，被牵来扯去者，彼乃万物之绝对的裁断者，完全不为机遇所转移，惟利用之，驾御之，以达一己之目的。……彼其理想之实现，乃以（人类之）知觉及意志为资藉。此等才性，本沉溺于原始之自然的生活中，其最初之目标为其目的的命运之实现，——然因主动之者为（世界）精神，故具有伟大之势力而表现富之内容。是故此精神与己为战，以己为大碍而须征服之，……此精神所真正追求者乃其理想的本体之实现；然其为此也，先将目标隐藏不使自见，而以此之叛异自豪。"（同上，第105页）倘吾人能假定黑氏言语为有意义者，则其持说当如下述：有一非常乖僻，却具有非常权能之妖魔或神圣，名为世界精神者，其为物也，无影无形无声无臭；在黑格尔以前无人知觉之，而除黑格尔及其同志以外，亦无人能知觉之。此怪物自始即有一殊特之愿望：即造成18世纪末及19世纪初之德意志式或普鲁士式的社会。然彼却好与自己开玩笑，使用一种魔术将其原来之愿望忘却，而终以迂回不自觉之方法实现之。彼最初隐身于中国、印度及波斯民族之灵魂中造成"一人之自由之认识"，继则分身于希腊罗马民族之灵魂中造成"少数人自由之认识"。终乃转入德意志民族之灵魂中以造成"人人自由之认识"。如此神话式之空中楼阁，吾人但以"拿证据来"一问便足将其摧毁无余。历史之探索，乃根据过去人类活动在现今之遗迹，以重构过去人类活动之真相。无证据之历史观直是谵呓而已。

现在批评黑格尔之历史哲学，诚不免打死老虎之嫌。然过去目的论之历史哲学家无出黑氏右者，故不能不举以为例。且黑氏学说在我国近日渐被重视，吾今谈及其历史哲学，不能不预施以"防疫"之处理也。

要之吾人依照证据所能发现者，除个人意志及其集合的影响外，别无支配历史之意志；除个人之私独的及共同的目的与计划外，别无实现于历史中之目的与计划。一切超于个人心知以外之前定的历史目的与计划皆是虚妄。又事实所昭示，人类历史，在一极长之时期内若干区域之独立的、分离的发展，其间即互有影响亦甚微小。此乃极彰著之事实，彼以全部世界史为一整个之历程者，只是闭眼胡说而已。

与目的论史观相连者，为进步之问题。凡主张目的史观者必以为贯彻于全部历史中者有一种状况，一种德性，一种活动，或一种组织之继续扩充，继续完成，换言之，即继续进步。此说逻辑上预断全部历史为一整个历程。盖进步之必要条件为传统之持续。惟承受前人之成绩而改革之始有进步可言。以现代之机械与五百年前美洲土人之石器较，前者之效率胜于后者不可以道里计矣。然吾人不谓二者之间有进步之关系者，以就吾人所知前者并非从后者蜕变而来也。历史既包含若干独立之传统，不相师承，故其间不能有贯彻于全体之唯一的进步。假设进步为事实，则历史中只能有若干平行之进步。

吾人现在可退一步问，毕竟在各民族或各国家，或各文化之全史中，自邃初迄今，是否有继续不断之进步？如其有之，进步者为何？

"进步"本为一极含糊之观念。过去论者每或将之与伦理价值之观念混合，因以为进步者乃伦理价值上之增益。而何为伦理价值之标准，则又古今聚讼之焦点。于是历史中有无进步，或进步是否可能之问题，遂芒然不可理。吾今拟将"进步"一名之价值的涵义刊落。每有一种状况，一种活动，或一种组织之量的扩充，或质的完成，便有进步。准此而论，则过去历史哲学家分别认为各文化史中所表现之进步，计有下列各项：

（一）智识

（甲）广义的智识之内容及思想方法

（乙）狭义的控制及利用自然之技术，生产之工具

（二）政治上之自由及法律上之平等

（三）互助之替代斗争

（四）大多数人之幸福

（五）一切文化内容之繁赜化

以上五者在各民族，各国家，或各文化之历史中是否有继续不断之进步？换言之，是否在任何时代只有增益而无减损？下文请从末项起分别讨论之。

（一）所谓繁赜化者，谓由一单纯之全体生出相差异而相倚相成之部分。斯宾塞尔在《进步：其法则及原因》一文，阐说此种进步甚详，彼以为宇宙间一切变化皆循此经过，此事亦非例外。试以政治为例，统治者与被统治者间之差别，由微而著。"最初之统治者自猎其食，自砺其兵，自筑其室。"进而有"劳心者治人，劳力

者治于人"之鸿沟。政治与宗教始为合一，终然分离。法令日以滋彰，政府之组织日以繁密。更以经济上分工为例，其日继于精细更为极明显之事实。其在语言则有文法上之析别，形音义之孳乳。其在美术，则音乐诗歌与舞蹈由合而分，绘画雕刻由用器之装饰，而成为独立之技艺，凡此皆繁赜化之事实。至若科学史上之分化，更无须举例矣。就文化之全般而论，繁赜化之继续殆为不可否认之事实。然若就单个之文化分成而论，却有由繁能趋于简，甚且由简而趋于清减者。例如宗教仪节，神话之信仰，苛细之法禁是也。

（二）谓在任何文明之历史中大多数人之幸福继续增进，此说之难立，无待深辨。五胡十六国时代大多数中国人之幸福，视汉文、景、明、章之时代何如？19世纪中叶，及20世纪初叶以来大多数中国人之幸福，视18世纪时代何如？类此者例可增至于无穷。

（三）自由平等或互助之继续进步说，更难当事实上之勘验。试以中国史为例，吾人但以五胡十六国时代与两汉全盛时代，以晚唐五代与盛唐时代，以元代与宋代，以崇祯末至康熙初与明代全盛时一比较，便知此等史观之谬。

（四）生产方法之继续进步似可认为事实。一种新发明而较有效率之生产工具之被遗忘或拾弃，历史殆无其例。然智识内容之继续进步说，则难成立。试以我国数学史为例。明代在西学输入以前，实为我国数学大退步之时代。宋元时盛行之立天元一术至今无人能解。其重要算籍如《海岛》《孙子》《五曹》等除收入《永乐大典》，束之高阁外，世间竟无传本，后至清戴震始从大典中重复输出焉。吾人若更以中世纪初期之与罗马盛时之学术史比较，则智识继续进步说之谬益显。

思想方法进步说之最有力的倡导者为孔德。彼以为思想之发展经历三阶级。其一为神学时期，以人格化的神灵之活动解释自然现象。其二为玄学时代，以为有种种抽象的势力附丽于物中而产生其一切变化。其三为实证时代，于是吾人放弃一切关于自然现象之"理由"与"目的"之讨索，惟致力于现象间之不易的关系之恒常的法则之发现。于是吾人屏除一切无征之空想而以观察、实验为求知之唯一之方法。虽然在同一时代各科学不必建于同一阶段，例如物理学可入于实证时期而生物学仍在玄学或神学时期，然则吾人以何标准，而划分某时代之属于某阶段？孔德以为此标准乃在道德及社会思想之方法。实证的伦理学及社会学之成立，即一人群之入于实证时期也。

孔德之三时期说实予学术史家以极大之帮助，使其得一明晰之鸟瞰。就大体言，此说无可非难，然此说所予通史家之助力盖甚少。一民族之普通思想方法恒在长期内无甚更革，而同时文化之他方面则发生剧烈之变迁（例如我国自春秋末迄清季大致上停留于玄学之阶段，而经济、政治、宗教、艺术上则屡起剧变），则后者之不能以前者解释明矣。

除生产工具、思想方法及文化内容之繁赜化以外，吾人似不能在任何民族之历史中，发现直线式（即不为退步所间断）的进步。于是主张他种进步论者，或以螺旋式之进步而代直线式之进步。所谓螺旋式的进步论者，承认盛衰起伏之更代，惟以为每一次复兴辄较前次之全盛为进步。此在智识之内容方面似或为然。然若视为普遍之通则，则螺旋式之进步说亦难成立，譬就政治上之自由，法律上之平等及生活上之互助及大多数人之幸福而论，吾不知唐代全盛时有以愈于汉代全盛时几何？

二、循环史观

与直线式之进步史观相对峙者，为循环史观。（循环史观与螺旋式之进步史观并不冲突，惟各侧重事实之一方面。）进步之观念起源甚晚，惟循环史观则有极远古之历史。盖先民在自然变化中所最易感受之印象厥为事物之循环性。昼夜、朔望、季候、星行，皆以一定之次序，周而复始。以此种历程推之于人类或宇宙之全史乃极自然之事，故初期对于过去之冥想家大抵为循环论者。然吾人当分别两种循环论：其一谓宇宙全部乃一种历程之继续复演，或若干种历程之更迭复演，如可称为大宇宙的循环论。此种冥想，在东西哲学史中多有之，试举我国之例。庄子谓"万物出于几，入于几"（几可释为原始极简单之生命质），"始卒若环，莫得其伦"。《朱子语类》中所记："问，自开辟以来至今未万年，不知以前如何？曰以前亦须如此一番明白来。又问天地会坏否？曰不会坏，只是相将人无道极了便齐打合，混沌一番，人物都尽，又从新起。"然最彻底之循环论者则数尼采，彼推演机械论至于极端，以为世界全部任何时间之状况，将完全照样重演。此类关于大宇宙之冥想，原非以人类史事为依据。当属于哲学中之宇宙论范围，而不属于历史哲学范围，故今不置论。第二种小宇宙的循环论，乃谓世间一切变化皆取循环之形式：任何事物进展至一定阶段则回复于与原初相类似之情形，此可称为小宇宙之循环论，吾国《老子》及《易传》中均表现此种思想。老子曰："万物并作，吾以观复。"《易传》曰："无往不复。"龚定庵引申此说尤为详明,曰:"万物之数括于三,初、中、终。初异中,中异终,终不异初。一匏三变,一枣三变,一枣核亦三变;万物一而立,再而反,三而如初。"(《壬癸之际胎观》第五,《本集》卷一)专从循环论之观点以考察历史之结果则为一种循环史观。

以吾人观之,谓一切人类史上之事变皆取循环之形式,此说(假若有人持之者)显难成立。譬如"孔子在齐闻韶,三月不知肉味",此为孰一循环变化之一部分?秦始皇焚书,此孰一循环变化之一部分?张衡发明候风地动仪,此又为孰一循环变化之一部分?然若谓人类历史中富于循环之现象,远多于吾人日常所察觉或注意者,因之吾人若以循环之观念为道引以察人类史,则每可得惊人之发现,此则吾所确信不疑者。试举例:近顷有人指出我国文学史上有两种思潮之交互循环。其一为"诗言志"之观念,其一为"文以载道"之观念,吾人若将中国文学史分为下列诸时期:(一)晚周,(二)两汉,(三)魏晋六朝,(四)唐,(五)五代,(六)两宋,(七)元,(八)明,(九)明末,(十)清,(十一)民国,则单数诸期悉为言志派当盛之世,双数诸期悉为载道派当盛之世。按诸史实,信不诬也。(周著予尚未见,此据《大公报·文学副刊》第二百四十七期中撮述。)

过去关于人类史中循环现象之观察以属于政治方面者为多。孟子曰"天下之生久矣,一治一乱……"《礼运》言大同、小康、扰乱三世之迭更。罗马普利比亚(Polybius)则谓一君政治流而为暴君专虐,暴君专虐流而为贵族政治,贵族政治流而为寡头政治,寡头政治流而为民主政治,民主政治流而为暴民专虐,由暴民专虐而反于一君政治，如是复依前序转变无已。马奇华列（编按：马基雅维利，Machiavelli）则谓"法律生道德，道德生和平，和平生怠惰，怠惰生叛乱，叛乱生破灭，而破灭之余烬复生法律"，圣西门则谓组织建设之时代与批评革命之时代恒相迭更，其实后四家之言皆可为孟子注脚。惟《礼运》失之于理想化，普利比亚失于牵强，马奇华列失之于笼统，惟圣西门之说则切于事实。

三、辩证法史观

"辩证法"一名在我国近渐流行，其去成为口头禅之期殆亦不远。毕竟"辩证法"为何？在我国文字中，吾人尚未见有满意之阐说或批判。言辩证法者必推黑格尔。黑氏书中"辩证法"一名所指示者，以吾人所知，盖有四种不同之对象。此四者逻辑上并不相牵涉，其中任一可真而同时余三者可伪。第一，"辩证法"本义，其说略如下：凡得"道"，"（绝对真理）一偏之见执，若充类至尽，必归入于其反面，因而陷于自相矛盾。原来之见执可称为'正'，其反面可称为'反'，于是可有一种立说超于二者之上而兼容并纳之，是为'合'。若此之立说仍为一偏之见执，则'正''反''合'之历程仍可继续推演，至于无可反为止。"此所止者是为绝对真理换言之，即黑格尔之哲学。是故对于一切一偏之见执，皆可用"以子之矛，攻子之盾"之术平破之，此即所谓"辩证法"。（以吾观之谓许多谬说可用此法破之，信然。若谓一切谬说皆可用此法破之，则黑氏未尝予吾人以证明，吾人亦无理由信其为然。）黑格尔以为此乃柏拉图语录中之苏格拉底所常用者，原非彼所新创。第二，可称为认识论上的辩证法，略谓吾人思想中之范畴，或抽象的概念，试任取其一 X 而细察之，则知 X 与其反面，实不可分别。吾人若谓一主辞 A 为 X，则同时亦必须谓 A 与 X 之反面，如是则陷于自相矛盾。进一步考察之，则可发现一更高范畴 Y，融会 X 与非 X 者。于是 X 为正，非 X 为反，而 Y 为合。是为一辩证的历程。黑氏哲学中此部分盖完全谬误，彼所谓相反而不可分之二范畴，实即一观念之二名耳。彼以为"泛有"（即仅是有，而不确定有何属性）与"无"相反而可分，而"有"与"无"之合为"成"（由无而有谓之成）。夫黑氏何不径曰"有"与"无"相反而不可分，而必以"泛有"与"无"对。盖"泛有"实即无有，实即无之别号；犹 0X1 为 0 之别号也。"泛有"与"无"，异名同实，可混淆以为相反而相同。而"有与无"则二名异实，不能妄指此为相合一也。夫"泛有"之非有，犹 0X1 之非 1 也。谓"泛有"与无相反而相同，即谓无与无相反而相同，犹谓 0X1 与 0 相反而相同，盖无意义之谵呓而已。第三，辩证法即变相之所谓"本体论证"，其大致如下：先从一观点在思想上建设一概念之系统，乃究问此系统有无客观之对象，继从此系统本身之性质，而推断其即所求之对象。（此种方法康德在《纯理论衡》中早已驳倒。）

以上三种辩证法皆不在本文范围之内。今所欲讨论者，乃第（四）历史中之辩证法。以极普通、极抽象之形式表出，其说略如下：一民族或社会当任何历史阶段之达于其全盛时，可视为以"正"，辩证法三阶之第一阶，然此阶段之进展中，极孕育与之对抗之势力。此势力以渐长成以渐显著，可视为一"反"。此一正一反，互相冲突，互相搏争。搏争不可久也，结果消灭于一新的全体中，正反两元素无一得申其初志，然亦无一尽毁，惟经升华融会而保全。此新全体新时代，即是一"合"，一否定之否定，于其中"正"与"反"同被"扬弃"。所谓历史的辩证法大略如是。专从此观点考察历史之结果是为一种辩证法的历史观。以上历史辩证法之抽象的形式乃黑格尔与马克思之所同主。马克思自承为传自黑格尔之衣钵者即此。

（现时流行之所谓"辩证法的唯物史观"即指此种辩证法，与前三种辩证法逻辑上无涉）然其具体之解释则马克思与黑格尔大异。略去其形上的幻想（涉及"世界精神"，"民族精神"者）则黑氏历史辩证法之具体观念如下：

任何人群组织之现实状况，恒不得完满，其中却涵有若干日渐增加而日渐激烈之先觉先进者，憧憬追求一更完满之境界。现状之保持者可视为"正"，而理想之追求者可视为反。此两种势力不相容也。守旧与维新，复古与解放，革命与反动之争斗，此亘古重演之剧也。然斗争之结果，无一全胜，亦无一全败，亦可谓俱胜，可谓俱败，于是产生一新组织社会，在其中理想为一种支配历史之原动力，为"世界精神"之表现。而马克思则以为理想不过经济制度之产物。马氏历史辩证法之具体观念特别侧重经济生活，其说略曰：一人群之经济组织范围其他一切活动。过去自原始之共产社会崩溃后，每一形成之经济组织，包含对峙之两阶级，其一为特权阶段，其一为无特权阶级，一为压迫者，其一为被压迫者。经济组织之发展愈臻于企盛，或益以新生产方法之发明，则阶级之冲突愈剧烈，压迫阶级要求现状之维持，是为一"正"，被压迫之阶级要求新秩序之建立，是为一"反"。此两阶级对抗之结果为社会革命，而最后乃产生一新经济组织。将对抗之两势销纳，于是阶级之斗争暂时止息，是为一"合"。经济组织改变，则政治、法律，甚至哲学、艺术亦随之改变。

以上两说乃同一方法之异用。然以吾人观之皆与史实刺谬，试以我国史为例，周代封建制度之崩溃，世官世禄（即以统治者而兼地主）之贵族阶级之消灭，此乃社会组织上一大变迁。然非由于先知先觉之理想的改革，非由于两阶级之斗争，亦非由于新生产工具之发明，事实所示，不过如是：在纪元前六七世纪间沿黄河流域及长江以北，有许多贵族统治下之国家，其土地之大小饶瘠不一，人口之众寡不一，武力之强弱不一，大国之统治者务欲役属他国，扩张境土，小国之统治者及其人民欲求独立与生存，于是有不断之"国"际战争。其结果较弱小之国日渐消灭，而终成一统之局。因小国被灭，夷为郡系，其所包涵之贵族亦随其丧失原有地位。是为贵族阶级消灭之一因。君主与贵族争政权而务裁抑窜逐之，是又贵族阶级消灭之一因。贵族阶级自相兼并残杀，是又其消灭之一因。凡此皆与阶级斗争，生产工具之新发明，或理想之追求无与。即其一例，已摧破黑格尔与马克思之一切幻想。

四、演 化 史 观

许多原初极有用之名词，因被人滥用浸假成为无用。"演化"一名正是其例。就予个人而论，平日谈话作文中用此名词殆已不知几千百次。今一旦执笔欲为此观念下界说，顿觉茫然。流俗用"演化"一名，几与"进步"或"变化"无异。然吾人可确知者，演化不仅是变化，却又不必是进步。毕竟演化之别于他种变化者何在？

吾今所欲究问者非演化观念之形上的意义。例如在一演化的历程是否一种潜性之实现。若然，此潜性在其未实现之前存于何所？又如演化的历程是否须有内在的一种主动的"力"为之推进，是否需有一种终始如一的实质为其基础？对于此诸问题，予之答案皆为否定的。然在此处不必涉及。予今所欲究问者：事物之变化，至少必须具何种条件，吾人始得认之为一演化的历程？吾将斩除论辩上之纠纷而径下演化之辨别之界说如下：

一演化的历程乃一事接续之变化，其间每一次变化所归结之景状或物体中有新异之成分出现，惟此景状或物体仍保持其直接前立（谓变化所自起之景状或物体）之主要形构。是故在一演化历程中，任何一次变化所从起与其所归结之景状与物体，大致必相类似，无论二者差异如何巨，吾人总可认出其一为其他之"祖宗"，惟演化历程所从始与其所归结（此始与终皆吾人之思想所随意界划者，非谓吾人能知任何演化历程之所始或所终也）之景状或物体，则异或多于同，吾人苟非从历史上之追溯，直不能认识其间有"祖孙"之关系。

以上演化之观念之涵义有两点可注意：第一，异乎斯宾塞尔之见，演化之结果，不必为事物之复杂化，容可为事物之简单化。此则现今生物学家及社会学家所承认者也。第二，演化之历程中，非不容有"突变"。然须知突与渐乃相对之观念。其差别为程度的，白猫生黑猫，对于猫之颜色而言则为突变，对于猫类之属性而言则为渐变。许多人根据达夫瑞氏物种"突变"之研究，遂以为演化论中"渐变"之观念可以取消。又有许多人以为达尔文主义与突变说不相容，此则皆为文字所误。变化所归结之状态或物体必保持其直接前立之其主要形构，此演化之观念所要求者，超此限度以外之

"突变"为演化之历程中所无（若有之则不成其为演化历程。）惟在此限度内变化固容许有渐骤之殊也。虽然"主要形构"之界限殊难严格确定，只能靠"常识"上约略之割分，此则许多认识上之判别之所同也。

专从演化之观点考察历史之结果是为一种演化论的历史观。演化观念可应用于人类历史中乎？曰可。然非谓人类全体之历史，乃一个演化历程。演化历程所附丽之主体必为一合作的组织，而在过去任何时代人类之全体固未尝为一合作的组织也。又非谓过去任何社会，任何国族之历史皆一绵绵不绝之演化也。一民族或国家可被摧毁，被解散，被吸收，而消失其个性，即其文化亦可被摧毁或被更高之文化替代。然当一民族或国家，其尚存在为一民族或国家，为一组织的全体时，当其活动尚可被辨认为一民族或国家之活动时，吾人若追溯其过去之历史，则必为一演化之历程。其中各时代新事物之出现，虽或有疾迟多寡之殊，惟无一时焉，其面目顿改，连续中断，譬如妖怪幻身，由霓裳羽衣忽变而为苍鬓皓首者。

任何民族或国家其全体的历史为一演化的历程，然若抽取其一部分一方面而考察之，则容或可发现一种"趋势"之继续发展（进步），一种状态之复演或数种状态之更迭复演（循环性），或两种势力其相反相克而俱被"扬弃"（辩证法）。进步、循环性、辩证法，皆可为人类之部分的考察之导引观念、试探工具，而皆不可为范纳一切史象之模型。此吾对于史变形式之结论。

初期演化论之历史哲学家不独以为一切社会其历史皆为一演化之历程，更进一步以为一切社会之演化皆遵同一之轨辙。譬如言生产方法则始于渔，次游牧，次耕稼，言男女关系则必始于杂交，次同血族群婚，次异血族群婚，次一男一女为不固定之同栖，次一夫多妻，次一夫一妻。其他社会组织之一切方面亦莫不如是，若将社会众方面之演化阶段综合，则可构成一层次井然之普遍的"社会演化计划"云。此计划之内容诸家所主张不同，惟彼等皆认此种计划之可能为不成问题者。此之学说可称为"一条鞭式的社会演化论"，其开山大师当推斯宾塞尔，其集大成者则为穆尔刚，然在今日西方人类学界此说已成历史陈迹。近顷郭沫若译恩格斯重述穆氏学说之作为中文，并以穆氏之"社会演化计划"范造我国古史为《中国古代社会研究》一书颇行于时。故吾人不避打死老虎之嫌，将此说略加察验。

从逻辑上言，此说所肯定者乃涉及一切民族之历史之通则，宜为从一切或至少大多数民族之历史中归纳而出结论，其能立与否全视乎事实上之从违，苟与事实不符，则其所依据一切理论上之演绎俱无当也。然此说初非历史归纳之结论，为此说者大抵将其所注意及之现存原始社会，并益以理想中建造之原始社会，按照一主观所定之"文明"程度标准，排成阶级，以最"野蛮"者居下。以为由此阶级上升即社会演化之历史程序。一切民族皆从最低一级起步，惟其上升有迟速，故其现在所达之阶段不同云。然彼等初未尝从史实上证明，有一民族焉完全经历此等一切阶段而无遗缺也。而大多数原始社会无文字记录，其过去演化之迹罕或可稽，即有文字民族其初期生活之历史亦复多失传，故理论上此等计划之证实根本不可能。而事实上此等计划无一不与现今人类学上之发现相冲突。昧者不察乃视为天经地义，竟欲将我国古代记录生吞活剥以适合之。斯亦可悯也矣。

五、文化变迁之因果律

本节所涉及之问题有二：（一）在文化之众方面中有一方面焉，其变迁恒为他方面之变迁之先驱者之原动力，反之此方面若无重大之变迁，则其他方面亦无重大之变迁者乎？具此性格之文化因素，可称为文化之决定因素。故右之问题可简约为文化之决定因素何在？（二）文化之变迁是否为文化以外之情形所决定？

对于（一）问题曾有两种重要之解答，（甲）其以为文化之决定原素在于人生观之信仰者，可称为理想史观。其说曰：任何文化上之根本变迁必从人生观起，新人生观之曙光初启露于少数先知先觉。由彼等之努力，而逐渐广播，迨至新人生观为社会之大多数分子所吸收之时，即新社会制度确定之时，亦即文化变迁告一段落之时。是故先有十五六世纪之文艺复兴，将生活中心从天上移归人间，然后有十七八世纪之科学发达，然后有十八九世纪之工业革命。先有十九世末西洋思想之输入，然后有中国之维新革命、新文化等等运动。此外如近世俄罗斯、日本、土耳其之改革皆由少数人先吸收外来之新理想而发动。故曰"理想者，事实之母"。

虽然，一社会中人生观之改变，无论为新理想之倡道，或异文化中理想之吸收，恒受他种文化变迁之影响，吾人通观全史，新理想之兴起，必在社会组织起重大变化之时代，或社会之生存受重大威胁之时代。是故有十字军之役增进欧洲与近东之交通及商业，有十四五世纪南欧及都市生活之发达，然后有文艺复兴之运动。有春秋以降封建制度之崩坏，军国之竞争，然后有先秦思想之蓬勃。有鸦片之役以来"瓜分之祸"，然后有"维新""革命"及"新文化"

诸运动。他如近代帝俄、日本、土耳其之革新运动，莫不由于外患之压迫。故吾人亦可曰"需要者，理想之母"也。从另一方面言，许多文化上之根本变迁，如欧洲五六世纪间民族之移徙，以造成封建制度。又如先秦建制度之崩坏，初未尝有人生观之改变为其先导也。

（乙）与理想史观相对峙者为唯物史观。其生产工具为文化之决定因素者可称为狭义的唯物史观，其以经济制度（包括生产条件，如土地、资本之所有者，与直接从事生产者间之一切关系）为文化之决定因素者可称为广义的唯物史观。然二者皆难成立。吾人并不否认生产工具（如耕种、罗盘及蒸汽机之发明等）或经济制度上之变迁对于文化之其他各方面恒发生根本之影响。惟史实所昭示许多文化上重大变迁并非生产工具上之新发明，或经济制度上之改革为其先导。关于前者，例如欧洲农奴制度之成立，唐代授田制度之实行是也。关于后者例如佛教在中国之兴衰，晋代山水画之勃起，宋元词曲之全盛，宋代理学及清代考证学之发达皆是也。其实类此之例，可例举至于无穷。

对于第（二）问题（文化之变还是否为文化以外之情形所决定）亦有两种重要之答案。在文化范围外而与文化有密切之关系者，厥惟地理环境与个人才质，二者均尝为解释文化变迁者所侧重。然地理环境中若地形地质，是有历史以来，并无显著之变迁，其有显著之变迁，可与文化上之变迁相提普论者，只有气候，以气候解释文化变迁之学说，可称气候史观。以个人之特别禀赋解释文化变迁者可称为人物史观。

（甲）气候史观。此说所侧重者不在一地域之特殊气候对于居民生活之影响，而在一地域气候上之暂时的（如荒旱，水灾或过度之寒暑），或永久的反常变化（如古西域诸国之沦为沙碛）与其他文化变迁之关系。持此说者，以为一切文化之重大变迁皆为气候变迁之结果。夫谓气候之变迁有时为文化变迁之一部分的原因，且其例之多过于寻常所察觉，此可成立者。吾可为举一旧日史家所未注意及之例：《左传》僖公十九年载卫大旱，卜有事于山川不吉。宁庄子曰，昔周饥，克殷而年丰。宁庄子之言若确（吾人殊无理由疑其作伪）则殷之亡，周之兴，而封建制度之立，其原因之一，乃为周境之荒灾。然若谓一切文化上之变迁皆有其气候之原因，则显与事实刺谬。例如日本之明治维新可为该国文化上一大变迁，然其气候之原因安在？如此之例不胜枚举。气候史观实难言之成理。（气候史观之最有力的主倡者为亨丁顿。此说最佳之批评见于 P. Sorokin 所著《现代社会学原理》中。）

（乙）人物史观。文化为个人集合活动之成绩，文化之变迁，即以活动之新式样代替旧式样，故必有新式样之创造，然后有文化变迁之可能。然新式样之创造固非人人所能为，所肯为，或所及为也。记曰"智者创物，巧者述之，愚者用焉"。一切文明上之新原素，皆有特殊之个人为之创始，此毫无问题者也。所谓创始有三种意义：（一）完全之新发现或新发明。（二）取旧有之式样而改良之。（三）将旧有之式样集合而加以特殊之注重，即所谓"集大成"者是也。复次采纳一种旧有之行为式样（譬如说孔教、释教或共产主义）身体力行，并鼓励领导他人行之。此亦可视为一种创造者。以上四类之创造者包括古今一切"大人物"之活动，世间若无此四类之人，则决不会有文化之变迁，此亦无可疑者也。虽然大人物之所由成为大人物者何在?(一)在于"天继之将圣"?抑(二)在于生理学上禀赋之殊异?抑(三)在于无因之意志自由,抑(四)在于偶然之机遇?

天继说固无讨论之价值,生理异禀说亦无实证之根据,持后一说者显然不能从一人在文化上之贡献而推断其必有生理上之某种异禀。因此事之确否正为待决之问题也。然过去文化上之创造者,许多并主名而不可得。即或姓氏幸传,其人之生理的性格亦鲜可稽考。欲使生理禀说得立,只能用间接推断,而直接推断之唯一可能的根据,即一实验之法则。凡具某种生理异禀者,恒有文化上之创造;凡不具某种生理异禀者,恒无文化上之创造。然迄今尚无人曾发现一如是之法则。故生理异禀说,只是一种空想而已。然吾人若舍弃此说,则或当选择于意志自由与盲目之偶然机遇间。二说孰优?此形上学的问题之解答,非本文之范围所容许,吾仅欲于此指出历史哲学于形上学之关系。

历 史 科 学 [*]

诸位先生，今晚我来讲的题目是历史科学。我恐怕它是一个很干燥的题目，而且把科学和历史两个名词连在一起，就似乎有点不伦不类。就好像我们谈及声音的颜色，或"三头统治"的经度一样。如果我们眼前最普通的事实有时还真相不明，争论不决，我们怎能谈到久已过去而且只见于书本的事实的科学呢？我常常觉得历史就好像小孩子的缀字片一样，我们可以用来拼成任何我们所喜欢的字。我们只须挑出一些我们所要的字母，照我们的意思去排列，那些非我们所需的，就搁置不提了。

我要极力把事情弄得有条有理，极力不使你们厌烦，但我怕两样都做不到。可是，首先我有几句话，涉及一位史学界的名人，他的名字是和这种历史的看法有关的。他的夭折给我们以这样突袭的悲哀。你们当中或者有许多还记起勃克尔先生的音容，当不久以前他站在这里的时候，他演讲了一小时以上，不带片纸，永不重复，永没废话。那样从容愉悦地陈述他的事实，好像在他自己的火炉旁

---

[*] 本文由佛娄德（J. A. Froude）撰。正式发表时，译者只有容琬一人署名；但据徐规先生《张荫麟先生著作系年目录》（《思想与时代》第18期，1943年1月1日）言，本文乃"张氏口授容琬女士译"。原载《益世报·史学副刊》（昆明版）第23、25、26期，1939年11月18、22、23日。

边同我们谈话一样。我们对于勃克尔先生的见解尽管"见仁见智"。但显然他是一个具有超常能力的人。他并且有品格——希罕而值得羡慕的（他自己或者十分重视）品格。

我们大多数，碰到一些自认为重要而且新创的东西，便自满到几乎要爆裂。我们拿着自己的货物走入书的市场，要求人感谢和认识。勃克尔先生早年便体认到那使他著名的思想，但他估量到自己的能力。他知道，他随时可以把自己显扬于当世，但是他顾虑他的著作，比顾虑自己还甚。二十年间，他甘心忍耐守默，无声无嗅地工作。后来，到了中年，他产生了一部著作，立时被译为法文和德文，并且在世界的一切地方当中，把圣彼得堡皇家学院的鸽窠也扰动了。

歌德曾说过：一个人做了一件出色的事之后，就好像有一种普遍的阴谋去阻止他再做这件事。他被人宴请、祝贺、抚弄，他的时间被早餐、午餐、集会，以及百千种无聊的事所偷去了。当然勃克尔先生也受到这一切，但是他还有一种比这些更危险的敌人在等候着像他那样的成功。他一获得了他所应得的地位时，便已积劳成疾了。他仅有时间去启示给我们，他是个怎样伟大的一个人，仅有时间去勾勒他的哲学的大纲，他便突然长逝，正如他突然出现一样。他到外国去，企图恢复健康，继续工作，但他的工作已不能继续了。他以热病死于达马斯，他死时只恨无法完成他的著作。以下差不多就是他最后的清楚的话："我的书，我的书，我永远不会完成我的书了。"他逝世时正如他生存时一样，不顾自己，只顾工作。

但是他的努力没有被抛弃。我们可以不同意于他，但他所已产生的影响是没有问题的，而且不会消灭的，他所说的在本质上不算新创。这一类对于人事的解释，是和思想的开始一样远古。但是，勃克尔先生在一方面，有天才的技术，他陈述他的意见特别明了。另一方面，那种意见，对于现今流行思想方式，有特殊的诱惑力。它不令我们喜欢，但令我们兴奋、激动。我们深恶痛绝它，但这一来，就隐然泄露，它的真实性是多过我们所愿意承认的。

勃克尔先生的普遍理论是这样：当人类开始环顾他所生在的世界时，好像什么东西都没有秩序，日和夜不一样长。空气有时热，有时冷。有些星是同太阳一样地起落，有些在天上不动，有些在北方地平线上绕着一颗星兜圈子。行星依照它们的原理进行，一切的原素都是变幻无常的。日和月有时会亏蚀。有时地会在人脚下震动。他们只能设想风、空气、天和水是给像他们一样任性的生物居住着和管理着。

时间过去了，混乱开始生出条理。有些势力对人们是有益的，有些是有害而带破坏性的。人们设想世界给善的神灵和恶的神灵主宰着。这些神灵在外面的自然界及人类本身中继续地互相争斗。最后人们观察较多，想象较少，这些解释也被抛弃了。影响极端相反的现象，被发现是同一自然律的结果。火绝不会把房子烧掉，假如房主小心，它只留在炉中，把壶中的水烧开吧了。它也不会偏偏烧掉坏人的房子，而不烧好人的，假如坏人的坏处不是疏忽。自然现象的一大部分循着有秩序、有规律的路径进行，它们的变化也是有一定的。由于对事物的秩序的观察，很容易进一步达到因果约关系。日月的亏蚀，被发现并不是上天愤怒的记号，只是日月和地的相对的位置之必然而无心的结果。彗星只是空间的物体，与世人无关。渐渐地，无常性、取舍性等类独断行为的表征都从这宇宙消灭了，几乎地上天上的一切现象都可以归到一些定律之下。因此自然界被人从想像里收回了。最初对事物之奇幻的观念，为道德的观念所替代，道德的观念为自然的观念所替代，最后只剩有一小片的荒林，还没有被规律的原则所穿透——那就是人类自己的行为及性格。

这里，而且只是这里，在理智和感情、良心和欲望的冲突中，大家认为有精神的势力存在。因与果不能追溯。因为有一种自由的意志在优洽那关联。在一切别的事物里，某些特定的条件，必然产生某些结果。惟对于人，规律这名辞改变了它的意义。它不再是固定的秩序，为人所不能选择而只能遵从的。它成了一道德的规条，人可以违背它，假如他有胆量的话。

这就是勃克尔先生所不相信的。他以为，通透了自然界的简约性，不应有这例外。他认为人类在任何特定的时间，是受了外界情形对他们身心的推动，然后有所作为。他说，每人都由于动机而动作。他的行为是被影响他最力的动机所决定。每一个人自然地想望那些他以为对他好的东西，但是要做得对，他一定要知道是对。他永远会吃毒药，除非等到他知道这是毒药。让他知道，那是会杀人的，他就不会再触它了。问题并不是道德上的正当或错误。一旦让他彻底地感觉那事物是有破坏性的，凭他天性上的定律，他自会把事物搁置一旁。他的种种美德，是知识的结果。他的种种过错，是缺乏智识的结果。一个孩子想绘画，他于绘画一无所知。他画的人好像树或房子，把它们的重心随便安放。他做错了，因为他知道得不够。我们并不责备他。除非等到有人教会他，他是没有办法的。他的教导开始了。他会画直线了，画立体了，画曲线了。他学习透视及光与阴影了。他对于所想表现的形式观察得更正确了。他见到了效果，也见到产生他们的手段。他已经学习去做什么，同时，在部分上，他也已学习怎样去做。他以后的进步，要靠他的天生的能力，但是这一切是像一颗橡子的生长一样地自然而然。你不向橡子宣讲，说变成一棵大树是它的责任，你把橡子种在适宜的土壤里，那里有光和空气，不受风，你除去多余的枝子，把力量集中在几根主干的萌芽上。这橡子长成怎样美好的样子，就视乎它具有生命力的多少。人之所以异于别的东西只在能力的广大和复杂，并在一种特别的能力，那就是：只有他能察觉适宜于自己的生长的条件，并且把这条件应用到自己的身上。但有这样的限制：他并不是，如普通人所设想，有自由去选择，毕竟应用那些条件与否。而且，他之判断什么东西对于他是好的，乃是凭藉那些造成他的现状的条件。

他要做的，勃克尔先生以为他总是做了。他的历史是一种自然的生长，好像橡子的生长一样。他的改良是跟随着他的知识的进步。并且，从外界环境与心的状况的比较看来，他在这个行星上的全部进展。他的这种信条和法律，他的善行和恶行，他的艺术和他的科学，他的帝国和他的革命，都可以排列成清晰的关系。

假如，当勃克尔先生坚持他的结论时，有人反对道，过去的真相难以知道，他会坦白地承认，就个人而论，诚是如此，但就群众而论，就没有那样困难。关于朱理渥斯或帖勃利亚斯、该撒，我们可以有不同的见解，但帝国时代的罗马人我们能够知道得很清楚。从他们的文学可知他们怎样思想，从他们的法律可知他们怎样统治，从世界的广大的面貌，和他们在这上面一般行为之大山岭的轮廓，可知他们怎样动作。勃克尔先生相信，这一切都可化为规律，可以弄得像石灰岩或煤层的生长一样有条理。勃克尔先生，如是一贯地，轻视个人。他不相信（有人曾这样说）人类的历史是大人物的历史。依他看来，大人物不过是较大的原子。和其他的原子服从同一的冲动，不过稍为易变吧了。有没有他，事物的进行大体是一样的。

他举新兴的经济学为他的主张作例证。这里已经有人类活动的一大范围，自然律绝无差池地运施于其中。几世纪以来人们曾试用道德原理来限制商业。他们要依照一些公正的想像的规则规定工资。他们要凭他们以为应值的成本规定物价。为了种种道德的原因，他们鼓励某一种商业，或压抑别一种商业。他们正可以凭道德的理由来发动一架蒸汽机。那些名字和这种大事业相关联的大政治家正可以立法去使水流上山。有自然的规律，固定于事物的情形之中：和它们抗争就好比泰坦斯和诸神作战一样。

在经济上是这样，在人类活动的其他一切形式上也是这样，经济学的规律说明了人们在过去所陷入的困苦（因为昧于这些规律），同样，人性的规律（我们若知道了它们），将说明人们更严重的错误，并且使我们将来处理得更好些。地理的位置、气候、空气、土壤等等，都有它们各自的影响。北方的民族强壮，勤力，因为他们一定要耕地，如果他们要吃它的果，又因为温度太低使懒惰的生活无可享受。在南方，土壤肥沃得多，需要的食物及衣服又较少；并且在美好的空气里，用不着操作才能感觉生存的愉快。因此南方的人是懒惰而懦弱。

固然，这些见解也有种种困难。软弱的意大利人的家乡也正是人类史上最坚毅的种族的家乡。再者，有人说西班牙人是最信仰、最诚的，因为西班牙是一个常地震的国家。但我们记起日本，全世界上地震最频的地方，那里同时对于任何超自然的势力有一种宁静的怀疑。（译者按：这话不确。）

而且，如果人类按照自然的定律而长成现在的样子。那么，他们没办法不变成现在的样子。如果他们没有办法不变成现在的样子，那么，我们关于人类义务和责任的一般见解，有一大部分要更改。

这些理论里头有许多真理，那是无疑的。不知道持这些理论的人能否以这个容忍为满足。生在回教国家的人长成为回教徒，生在耶稣旧教国家的人长成为旧教徒，生在耶稣新教国家的人长成为新教徒。他的意见是像他的语言一样。他学思想是同他学说话一样。认为他应当对自然造成他的现状负责，那是妄诞可笑的。我们费气力去教育儿童，有好的教育亦有坏的教育。关于性格的造就，确已证实有若干的规则。并且，一个孩子的变好变坏，显然不是出于他的自由意志。我们试去使他们练成良好的习惯，我们使他离开种种诱惑，我们留心他受到良好的教导，我们混合仁慈和严厉。我们尽力把好的影响环绕着他。这些就是所谓良好教育的利益。如果我们不能给在我们保护下的孩子以良好教育，而他们变坏了。我们觉得自己要同他们负一样的责任。这便是承认外界环境对于我们的力量。

同样，我们承认诱惑的力量等等。

大概说，人们显然必定要吸收支配他的生长的种种影响里一些东西。这些东西决定他们后来整个性格的面目。

当历史家须要陈述社会的或思想的大变化，王朝的倾覆，和教派的成立时，如果他们仅陈述那些事情，那么他们只尽了一半的责任。例如在叙回教的兴起，若只描写先知的性格，他所认定的目标，他所用的手段，和他所产生的效果，那是不够的。历史家必要表明在东方种族的情形中，有什么特点，使得默罕默德能够对他们发生那样有力的影响。原有的信仰，他们原有的道德和政治状况。在我们过去的估量上，在我们将来的算度上，在我们彼此间所下的判断上，我们计较责任，不是凭所作所为的事情，而是凭人们辨别善恶的机会。在我们把孩子和坏的团体或朋友隔离的努力上，我们承认外界环境对人们现状的造成，有极大的影响。

但环境是一切吗？这就是问题的全部。历史科学，若不是一个骗人的名辞的话，应有这样的涵义。因果的关系完全的支配人事，正如它支配其他一切事实。人类动作的原因，不当求之于心的神秘性质，而当求之于可以触觉的及可以衡量的影响。

当自然的原因会被搁置，并被所谓意志中和了的时候，科学这名辞就用不着了。如果一个人可以自由选择他要或不要做的事，那么，关于他，就没有充足的科学了。如果有关于他的科学，便没有自由的选择，而我们彼此间的称赞或责备就用不着了。

我浸入了伦理学境界，因为否则这题目说不明白，人类是个体的集合——历史只是个体动作的记录。对于部分是真实的，对于全部也是真实的。

我们对于这类事实感觉得很敏锐。而且，当逻辑使人窘迫的时候，我们很容易用辞藻来替代。但辞藻只足以误人。不管真实是怎样的，最好我们能知道它，对于任何种类的真实，我们应尽力保持头脑及心的冷静。

我要统共的说，假若我们有着全部事实，摆在前面，假使我们像莱布尼兹的塔儿坤一样，被领入自然的谈话室中，得悉我们实在是什么，从什么地方来，到什么地方去。假使如此，无论有些人，他们发现自己由于一切可能世界中的最好世界之微妙的必要而成为恶人时，会怎样不快，像勃克尔先生所主张一类的理论也许竟被证明是真的。很可能有一博大的"宇宙的公式"，在那里未知量的价值可以决定。但是我们必须凭自己的力量和地位去应付事物。问题是：那些广大曲线的弯转是否像我们一般不知晦朔的生物的智力所能量度。

歌德的"浮士德"，厌烦了人间知识之硗瘠的园地，叫魔术来帮助他。首先他引见"大宇宙"的神灵，在冒险去作这重大的试验前，他气馁了，结果他唤召了一个与自己同类的神灵来。那里他便感觉得舒适，生命的川流和动作的暴风，存在之永恒的海洋，时间之怒吼的织机和它的织物□□，他凝视着这一切，在一切感情的兴奋中，他和面前可怖的东西攀交情。但是那庄严的幻境消失了，一片声音来到他面前："你的伴侣是你的心所能抓得着的神灵，并不是我的。"

假使勃克尔先生曾去追他的原理的详细涵义，那么他的遭遇不会比"浮士德"好。

科学的条件是什么呢？任何科目在什么时候才可以说是进入了科学的舞台？我猜想是：当它的事实开始分成明显时；当现象不再是孤立的经验，而现出有关连和秩序时；当某一类事情若发生在前必定有某一类事情跟随在后时；当事实已被充分收集，可以做忖度的解释的基础，并且当忖度再不是极端的模糊，而凭它们的帮助稍能预知将来时。

在一个科目进步到这地步之前，而视它为科学，那是语言的滥用。因为人事以外一切事情都有科学，便说也一定有人事的科学，那是不够的。这就好像说行星上面一定有人居住，因为我们知道有一颗行星是有人居住的。那也许是真的，也许不是真的，但它并不是一个实际的问题。它并不影响眼前事实的实际处理。

让我们来看天文学的历史吧。

日、月、行星是神或天使。狼星的剑不是一种比喻，而是事实。镶在天上的群星是众神战争与恋爱的闪烁的胜利品——这种观念一日存在，天文学就一日没有成为科学。幻觉、想像、诗，或者敬畏是有的，但没有科学。等人们观察到它们保持着它们相对的位置——它们起落的时间因季候而变化——日、月及行星在它们中间依着一个平面移动，黄道被发现并且划分，于是乎一事物的新秩序开始。初期的痕迹留存于星座的名称及符号上，就好像斯干的那维亚人的神话还留存于星期日子的名称上，但虽然如此，我们对于实物已经明白了，科学已经开始了。它的首次胜利就是预料将来的能力，人们可知日蚀每十九年发生一次，并且哲学家可以说出什么时候可以看得见日蚀，行星的周期也决定了。它们绕日的轨道的偏侧，也有种种理论去解了。这些理论也许是假的，但是行星的位置可以根据它们算的很正确。科学第一个结果（虽然是很不完全的）是预料的力量，并且在任何真的天文学定律被发现之前，人们已能预料天象了。

因此，我们不应当因为历史的现象的解释是初步的或不完全的，而怀疑历史科学的可能性。它也许是如此，也许继续是如此，但也许已有充分的成绩表示有这么一件东西，而它不完全是无用的。但是最初的天文学家在那些简陋的日子里，所具有的算学知识是那么少，除了平墙及日规板以外没有什么好的仪器。如何能做出显著的进步呢？因为，我想他们见到的种种现象，大部分经过不甚久的时期又重现了。所引他们可以在他们自然生活的范围内收集大量的经验：因为日、月、年是可以量度的时期，在它们之间比较简单的现象是永远复现。

但是如果地球绕轴而转的一周不是二十四小时，而是一年。如果一年是差不多四百年。如果人的寿命并不比现在长。而天文学的进步，除了历史中所记载的观察，便无所凭藉。那么，假如这就是我们的限制，要经过多少年代才有人想到。在我们晚晚所见的东西里，会存在何种秩序呢？现在有些科学，是要依靠古人所记录的观察的。我们从这些科学的现状，就可以推想到上面的假设成为事实时的大概情形。彗星的运行仍旧是极端的不定。它所重现的时间只能极模糊地算计。但是我所说的假设只能很粗疏地表示我们事实上对于历史所处的地位。在那里，现象永不重复。在那里，我们完全依靠据说曾发生过一次，而永不会也不能发生第二次的事情的记录。在那里，实验是不可能的。我们不能守候着重复的事实来试验我们的猜想的价值。有人幻想地这样提示：如果我们认为宇宙是无限的，那么，时间就是永恒，而过去永远是现在。光线从天狼星来到我们眼前需要九年。我们今晚离开这地方时，所能看见的那些光线，在九年前就离开天狼星了。如果天狼星里的居民，能在这个时刻看见地球，他们可以看见英国军队在斯巴斯托浦前面的壕里，佛罗伦斯南丁格尔，在斯库塔利，守候着在因克曼受伤的病人。英国的和平并没有为《论与评》（杂志名）所扰乱。

星星后退越远，时间后退越远。也许有些星，从它那里可以看见挪亚走进木船，看见夏娃（Eve）细听蛇的诱惑，或者看见那古的种族正在吃蚝，并且把壳子遗弃在后面，当波罗的海的陆地还在海底时。

我们若能把记载和真象比较，有些事情可以做到，但这在目前是没有希望的，而没有它就没有科学，记录在古书上的日蚀我们可以由计算来证实，忘却的时日我们有时也可以靠日蚀来推定，并且我们可以凭日月蚀所遵循的定律，而预知在什么时候将有日月蚀。将来会有一天，罗马开创史中失忘了的秘密，可以凭历史的定律推知么？如果没有，那么我们的（历史）科学在什么地方呢？也许可以说，这是一个特殊的事实。我们可以满足地对付那些影响若干世纪的普通现象。那么，让我们举一些普通的现象。例如回教或佛教，那些是够广大的了。你能够想像一种科学，可以预先料到像这样的变动吗？它们所能兴起的环境状况是模糊的，就算它不是模糊的，你能够设想，假如对于东方的旧信仰有相当的历史知识，就能看出它们将要变成那特定地形式而不会变成别的形式吗？说在事后你能部分地了解回教的由来，那是不够的。一切名副其实的历史家于此都有所说明。但是，当我们说到科学，我们所指是一些更野心的报负，我们所指是一些不独能解释并且能预知的东西。而且，如此看起来，陈述那问题，就是表示它的荒诞。最哲智的人之不能预知这伟大的革命，正如三十年前谁也不会预料美国有一夫多妻的现象。正如谁也不能预料招魂翻桌等类怪事会成十九世纪英国的科学教化的结果。

情形也不见得更好，即使我们对于我们的哲学不作苛求，即使我们以过去为满足，而仅要求给过去以科学的解释。

首先，就事物本身而论。它之传达到我们心中要经由那些记载它的人们的心，而他们并不是机器，也不是神仙，只是会错误的动物，带有人的情感和偏见的。特西塔斯和杜西狄特斯（Thucydides）也许是从来写历史的最能干的人。最能干的，同时也是最不会有意作假的。但即使到现在，经过许多世纪，他们记载的真实也成为问题。我们有许多好理由，表明他们都是不可完全信赖的。如果我们怀疑这些人，我们去相信谁呢？

再者，假定事实不成问题。回到我的缀字片的比喻，你只须选择适合你的事实，你只须把不适合你的事实搁置一边，而且任随你的历史的理论是什么，你很容易找到事实来证明它。

你可以有你的黑格尔（Hegel）的历史哲学；你可以有你的史烈格尔（Schlegel）的历史哲学；你可以从历史上证明这世界是有一个神明统治着；你可以相信宇宙里除掉人，没有道德的主动者；你可以相信，如果你喜欢，古胜于今的旧理论；你可以说，像十五世纪所风行的，"我们的祖先有比我们更大的聪明和智慧"；或者你也可以谈及"我们野蛮的祖先"，描写他们的战争，好比鸟鸢的争斗一样。

你可以主张人类的演化是日趋于完善的、不断的进步，你也可以主张根本没有进步，人永远是一样可怜的动物。或者，你可以同《民约论》的作者一样说，人类在原始的简朴中，是最纯最善的——"当那高尚的野人在森林中乱跑的时候"。

在一切或任何这些见解上，历史将为你的朋友。历史，在它的消极的反讽里，是不作驳难的。如查尔诺在歌德的小说里，它不会下降来与你辩论，只会供给你所想相信的东西，以丰富的例证。

"历史是什么呢？"拿破仑说，"除了大家所赞成的小说"。"我的朋友"，浮士德对他的学生说，当那学生很关切于过去的精神时，"我的朋友，过去的时间是一本'七重封印'的书。你所说的过去的精神，只是这个或那个大人先生的精神，过去的时世是在他们的心中反映着吧了"。

一个教训，而且只一个教训可以说是历史所清晰地复演的。世界是多少建立在道德的基础上，就久远而论，对于善人，它是好的；就久远而论，对于恶人，它是坏的。但这不是科学，这不过像希伯来的先知的旧训一样。孔德及其弟子们的学说到底没有使我们于日常践蹈的旧路以外，更进一步。假如人们不完全是禽兽，至少也是半禽兽，并且就他们一方面而论，是受禽兽的状况所支配。人的行为有一部分是没有并且不需有道德的意义的，就这一部分而论，他的定律是可以计算的。关于他的消化有一定的规律，关于他的消化器官所凭藉以获得物料，也有一定的规律。但过此以往，我们是处于什么境化呢？乃处于一个世界，在其中我们不能用"实证哲学"一类的定律来计算人们的行动，正如我们不能用营造尺去量度海王星的轨道，或用杂货店的天秤去称天狼星的重量一般。

为什么应有这样的情形是不难看出的。科学可能说，所以言之成理，其所依据的基本原则是：一切动作都由自利而起。它可以是开明的自利，也可以是不开明的。但这是被假定为一条公理：每一个人，不管他做什么，都有一个他认为可以增进自己的幸福的目的。他的行为，不是被他的意志决定，而是被他的欲望的对象决定。亚丹·斯密在奠定经济学的基础时，彰明地把一切其他的动机除外。他不说人们的动作一定不由于别的动机，更不说不应依着别的动机而动作。他只主张，就生产及买卖的技术而论，自利的影响可以算是一律的。亚丹·斯密在经济学上的主张，勃克尔先生把它推广到人类活动的全部。

现在，高等人所以异于低等人的特征——构成人的优良、人的伟大、人的高尚的要素！当然不是他们追求自利的开明程度，而是忘却自己！是牺牲自己！不顾个人的快乐，个人的放纵，个人的远的或近的利益，因为另外一路的行为是更对的。

有人告诉我们说，这不过是表示同样东西的另一种方法吧了：一个人喜欢做正当的事，不过是因为做正当的事给他以较高的满足。对于我，恰恰相反，那是深入于事物性质的中心的差异，殉道者去受火刑，爱国者去上断头台，并不是有受酬报的想望，只为了真理与自由，而抛弃他们生命是光荣的。所以从生存的各方面到日常生活的最小的节目里，那美丽的人格是不自私的人格，我们最敬爱和羡慕的人是永不会想到自身的。他们单纯地做着那些好的、正常的事，不带什么作用（不想它会不会使他们快乐或不快乐）。

这仍是自私，不过比较开明一点吗？我不这样想。真正高尚的本质是忽略自己。一涉及自身的顾虑，大事业的美丽就消失了——像泥污的花朵一般。一个为主义而死的殉道者（主义的胜利他永不会享受到）的自利——那断然是自相矛盾的话。最伟大的人物，即使他们的希望同他们的坟墓一齐关闭。他们还是要做他们的事业的。历史上有一等人，他们对于光荣的主义是那样热心，假使主义能成功，他声名埋没，亦所甘愿。

从这种神秘性质（不管它是什么），生出人生之较高关系，人类道德责任之较高样式。哲学家康德常常说，有两种东西，他每一想到，便生敬畏。一是星象森严，无穷无尽的空间。一是行为的是非。是，就是为了善而牺牲自己；非，就是为了自己牺牲善——两者并不是欲望的分等级的对象，我们之趋向他们是由知识的程度来决定的，而是像南北两极一样分离，像光明与黑暗。其一是无限的爱的对象，其一是无限的憎恨嘲辱的对象，人们的行为所以在事前不能由科学测算，在事后，能有科学的解释，就因为这作恶（作惟或为善，由他们自择）的能力（这是一种陈旧的见解，但不因此减却真实性）。如果人类是一贯的自私，你可以分析他们的动机。如果他们是一贯的高尚，他们将在行为中遵循崇高底完满的定律。□□□□□□□□□□□而这结合所产生的人类有时受这种影响，有时受那种影响。你就一日不能从他得到什么，除非站在旧式的道德观，或者，如果你愿意的话，想像观点。

甚至经济学的定律也停止领导我们，当它们涉及道德的统治。劳工一日是可买卖的货物，它一日是像别的商品一般，跟着供求的状况，但假如雇主不幸而想到他对工人是站在人类的关系上。假如他相信，无论对不对，他对他们是要负责的。相信，为了他们的劳力，他一定要使他们的孩子受到合当的教育，他们及他们的家庭有合当的衣食住。相信，他应当顾到他们，当他们生病或年老时，那么，经济学就不再指引他，而他和他的倚靠者的关系，一定要照另一些原则去排列了。

他一日只顾及他自己的物质的利益，供和求一日可以解决一切困难。但是一个新的因素的加入就毁坏了那公式。

并且人类对历史的真兴趣正在这低劣动机和高尚情绪的交争地，在求依真理正义，以管理人类的奋斗（永远失败，却永远继续着的）。在国家的建立和暴政的推翻，在教派的兴灭，在理想的世界，在人民的剧里的名优的性格和行为。那里，善与恶打他们永远的仗，有时分成两个敌垒，有时却同在每一人的心中。工业的进步，物质及机械的文化的生长是有兴趣的，但不是最有兴趣的。他们在物质舒适的增加上，有它们报酬。但是，除非我们看错了我们的天性，它们根本就不是深刻地关切我们的。

再者，不独人类有这种原则上的二元性，并且在我们当中，另有一些更能及抗科学的分析的东西。

勃克尔先生靠"平均数"的理论，把自己从这个人或那个人的偏性解救出来，虽然他不能说某甲、某乙或某丙要自刎，他可以证实每五万人或五万人左右（我记不得准确的比例）中有一人要自刎，他以此自慰。无疑地这是一个可以安慰的发现。不幸，一代的"平均"不一定是第二代的平均。我们也许会为日本人所感化，就一切我们所知来推论，而且日本人向生命告别的方法已流行于我们中间。诺娃利斯不曾提示：人类最后会厌恶自己无能，到了一个程度，因而全体同时自杀给一个更好的世界腾出地方来吗？无论如何，种族所从流出的源泉是永远在变着的，没有两代是相像的。是否在组织自身有变化我们不能说。但这是一定的，像行星随着四围的空气而变化，每一代和前一代相异，因为它所吸的空气是全世界历来所积的智识和经验。这些东西形成我们在生长中所吸的精神的空气，而很难有现今构成那空气的因素，既然极端复杂，我们猜度，在它的影响下发展出来的心将是什么样子。

从非丁及瑞查生的英国到奥斯丁小姐的英国，从奥斯丁小姐的英国到铁路及自由贸易的英国，这变化是何等地广大啊！但是查理斯·格兰的生在我们眼中，当没有我们在我们曾孙的眼中那样怪异。世界的移动越来越快了，差异或将是很大的。

每一新时代的脾气是一连续的奇迹，命运喜欢及证我们最信赖的期望。格兰的生相信征服者的时代已到了尽头。如果他们有全寿，他可以见到欧洲在拿破仑的足下。但是几年以前，我们还相信世界已成了太文明，不适于战争了，海的苑的水晶宫是要肇始一个新时代。像拿破仑战争那样凶残的战争，现在成为日常的故事。最有进步的技艺是破坏的技艺。其次是什么呢？我们可以睁眼一看这临终的世纪以外的将来，但猜想也没有比这里更不可靠的了。那是空虚的黑暗，在这里虽想像亦无能为力了。

那么历史的功用是什么呢？它的教训是些什么呢？如果它能告诉我们以过去的微末，而不能给我们一点将来的推测，为什么要白费时间于这硗瘠的研究呢。第一，它是一种呼声，永远响着是非的定律，经历许多世纪。意见转变了，习俗改变了，教派兴起又消灭了，唯有道德律是写在永恒的碑版上。人们为了每一虚伪的字或不义的行为，为了凶残和压迫，为了贪欲和虚荣，最后必须给付代价。不一定永是正凶所给，但是有人给的。唯独正义和真理能永存。不义和虚伪也许可以活得很长，但是判决日最后是要来的，法国革命便是其例。那就是历史的一个教训。另一个是，我们不应去算命，我们不要存很大的盼望，因为我们所盼望的是不会实现的。革命、改革（许多英雄和圣贤投身于这些大运动中，相信他们是新运会的初晓）不会结成人们所期望的果。新运会还是离得很远呢。

这些大变动使世界改变了，或者改进了。但是并不如其中的主角所希望那种改进。路德当不会如此热心地工作，假如他能预见三十年战争，及远在更后的土炳真（Tübingen）的神学。华盛顿当踌躇不想挥剑反抗英国，假如他能预知他所造成的国家将成今日（一八六四年二月）的样子。

最有理的预料使我们失望——最适切的前例领错了我们，因为人类问题的条件永不重现。一些新的面貌改变了一切东西一些原素，我们在它后来的动作上才发现它。但是这可以说，只是一种微弱的结果。难道人类同一切它的快乐及痛苦，它的灾难和克胜的悠长记载，能够教导我们这些，而不能够多一点吗？让我们从另一方面来接近这题目。

如果有人要你指出莎士比亚戏剧所以超群出众的特点，或者在许多项目中你会提到这一点：他的故事不是凑在起来解释任何定律或原理，他的人物也不是用来达到这目的。他们教人以许多警诫，但没有一件是比其他更显著的。当我们把他们包含的一切直接教训抽了出来，还剩有一些东西不能分解，——一些艺术家所给予而哲学家不能给予的东西。

我们常说的莎士比亚的最高的真理就在这特点上。他表现真正的人生。他的戏剧所教训的恰如人生所教训的不少也不多。他建筑他的建筑物，如自然一般，在是与非上，他从不强把自然弄得比实际上更系统化。在善与恶的微妙的交流上，在无辜者的受难上，在惩罚的偏颇不均上，在黑白不分、玉石俱焚的现象上，莎士比亚是忠于实在的经验的。人生的神秘，他写出来正如他所看见的。在他的最宏伟的安排上，他是对智力的情感说话，而不是对思辨力，是靠不住的，而圣哲也如婴孩一样无知。

只有上等天才才能这样表现自然。一个劣等的艺术家或诗产生一堆完全不道德的东西，在那里善恶只是空虚的名辞。而高尚品性的表现绝对不管这些——否则，如果他是一个较好的人，他就把一个教训同目的强加于自然上，他撰出所谓道德的故事，那也许有益于良心，却误导了智力。

近代所产生的这一类的最好作品是雷兴的《智人那丹》一剧。它的目的是教导宗教的宽容。这主义是可钦佩的，——它的宣传的方式是有趣的。但它有一致命的错误，那就是不真。自然并不以任何这样直接的方法教导宗教的宽容。结果，没有人比雷兴知道得更为清楚，那戏剧并不是诗，只是华美的制造品。莎士比亚是不朽的，雷兴的《智人那丹》要和产生它的思想方式一同过去。一个是基于事实，一个是基于人对事实的理论。理论最初看起来，是包涵最直接的教训，但并不真是这样。

息柏及其他像你所知的，要修正莎士比亚。在《李尔王》中的法国国王是要被省去，考地利亚是要同爱德加结婚，李尔自己则要享受一个黄金的老年以补偿他的祸难。他们不能忍受哈姆莱特为了喀劳狄亚斯的罪恶受苦。邪恶的国王要死掉，邪恶的母亲也要死掉。哈姆莱特和奥菲利亚结为配偶，后来永远过着快乐的日子。只有平常的小说家才会这样排列。你可以有你的舒服的道德：邪恶受恰当的惩罚，美德有它所值的报酬。一切都很好的。但莎士比亚都不要如此。莎士比亚知道罪恶在它的后果上并不如此简单；上帝也没有如此的"父性"。他情愿从人生获取真理。关于人生应当怎样的正确理论，其对人心的影响，和人生本身的影响比起来，是小到无以复加。

再者，让我们拿通俗历史对于奇异事迹的处理和莎士比亚对于它的处理来比较。看看《马伯》你可以从它得到许多教训——种种色色的教训。在高尚本性渐趋于灭亡的步骤的路上，有一具深刻兴趣的道德教训。照较上代的想法，你可以推究，如果你愿意的话，这里所代表的政治状况和君主专制国对于无忌惮的野心所表示的诱惑。你可以学斯洛博士说，在一个立宪的政府里，这些事情绝不能发生。再者，你可以运用你的譬喻去反对信仰，你可以张大巫术信仰的可怕结果，及省学校及报纸时代的种种超越的利益。假如这故事的大略是由一编年史家传到我们，并经一个平凡的十九世纪作家之笔色，那么我们可以相信，这作家的叙述，必定采用上述种种原理之一。这类描写中之最好的，若放在那些展开灵魂监狱的秘密的作品旁边，会显得是怎样瘦削的、萎缩的骨骼啊！

我想，莎士比亚绝对不会给我们以关于他的意见的一种理论——他给我们以事实的本身，我们对它可以随意用任何理论。

《依利亚特》比《马伯》早二三千年，但它好像昨日所写的一样新鲜。在那里我们没有教训，除掉我们读时所生的情感，荷马没有哲学。他永远不努力去使我们印上他关于这件事或那件事的见解。你很难说他同情于希腊或特洛，但他忠实地把同时的男人或女人表现给我们。他歌唱特洛的故事，弹着他的七弦琴，他所同堂喝酒的人，就和他所唱的英雄一类。这样，虽然没有一个人像希腊的舰队到依利翁。虽然没有伯赖安半夜去袭亚克利斯的帐幕，虽然攸利塞斯及戴奥密及涅斯陀只是些名字，海伦也不过是一梦。但是，凭荷马表现男人和女人的力量，希腊人独从古代世界黑暗中轮廓清晰地显现出来，这种情形是任何历史的时期（除最现代外）所没有的。只就历史的目的而论，《依利亚特》及《奥得赛》也是古今最有效力的书。我们看见曼尼罗斯的大厅，我们看见亚尔仙那斯的花园，我们看见娜危迦同她的婢女在海岸上，我们看见那仁慈的君主带着他的象牙笏坐在市场上执行婚姻的正义。再者当那野性发作的时候，我们听到枪矛的断折，听到英雄倒下时盔甲的撞击声，和战马冲入死人堆里，假如我们进入一个老爱奥尼亚公爵的宫里我们知道在那里应当看到些什么。我们知道他用什么话来招呼我们，我们可以见到克陀像一个朋友似的。如果我们可以选择一个在火炉旁消磨一个夜晚的伴侣，那就是那足智多谋的人——彭尼劳的丈夫。

我并不牵涉到那烦难的问题，即历史与诗二者孰为近真？有时有人说，诗是更真的，因为它使得事物更近于我们的道德的感觉所希望的，我们每个人说到"诗的公正"等类的话，好像自然和事实不够公正似的。

我完全不赞成那见解，诗愈依那样的方法，试去改良，就违背事实愈远，并且是不忠实于自己了，甚至文字（记载）的事实。一个大诗人也宁照它本来的面目得到它，如果他可能的话。莎士比亚在历史剧中，每逢可能时，必勉力采用（他发现）曾被用过的言语。例如，乌尔斯的壮丽的演说，是直抄自加湿迭怒的传说，不过因音节的需要，略加点窜而已。马波卢拿莎士比亚当英国史读，并且此外什么也不读，只有诗人可以不受"事实的偶然"的束缚，当它是不方便的时候。莎士比亚知道王子哈尔少时生活于放荡的伴侣中就够了，而东平酒店，恰可以补足他的图画。虽然隙克利太太和花斯塔夫及潘斯和巴都尔夫，与其说是真实的亨利皇子的同伴，毋宁说是莎士比亚自己在"鲛人"酒店中所遇见的人物，莎士比亚描画出真实的人物就够了，"剧情"不管是什么，自然会安坐在它上面，只在这意义上，可以说诗是比历史真实，并且它能使图画更为完全，它可以超脱时间及空间的拘束，并且把动作投入更易于处理的范围里，因而把它表现得更清晰。

但它不能改变事物的真实状况，也不能把生活表现得异乎本来的样子，诗人的伟大是靠着他忠实于自然，而不强求自然合乎他的理论，也自然不使比现实更为公正，更为哲学的，更为道德的，并且，在疑难的事情上，把那些不能解释的，多多保留以供反省。

如果诗需要如此，如果荷马与莎士比亚之所以为荷马与莎士比亚，是因为他们不作什么教训。那么，这不就给我们一点暗示，关于历史应当是什么，并且在什么意义之下能够希望有所训诲吗？

如果诗不该理论化，历史家更不该理论化，他忠于事实的责任比诗人的更大。愈壮丽的戏剧，其中的动作愈不能拿定律去解释，因为它这样才会像人生。不独戏剧是如此，历史也是如此。《马伯》如果字字是真实的便是完全的历史；并且历史家若能接近那类的模范，若能用造成故事的人物的言行来叙述故事，他就是最成功的。他的著作再不是他脑中出来的气，一吹就散的。它是言之有物，永远有兴趣的。关于它可以生出一千种理论——种种精神的理论，种种泛神的理论，和种种因果的理论。但每一时代都有它自己的历史哲学，而所有它们都要轮流地衰息。黑格尔过时了，史烈格尔过时了，孔德也有一天要过时的。我们自身改变，我们对事物的思想也跟着改变，但事物的本身是永不能改变的。历史的耐久或易灭是看它包涵作者自己的悬想之多少而定。在这一点上，吉朋的优美的智力大体上使他谨遵着正路。可是他书中最哲学的几章（他最受人钦佩和指谪都在此）将来也许被认为是最乏味的。从前它们曾被人认为难以索解，将来它们会显得平凡无奇。

也许可以说，要求历史写得像戏剧，就是要求不可能的事。全用戏剧的形式去写历史无疑是不可能的。但是有些时期，大体上对人类是有极大的兴趣，它们的历史的写法，应该使演员们自己的话来表现他们的性格。在那里，我们可以看见心与心相对抗，并且时代的大情感不是简单地见于记载，它们在灵魂中的白热程度也被表现出。那里有一切戏剧的原素——最高等的戏剧——在那里，时间的大势力是像希腊式的命运一般，人的能力或者挡住潮流，一直等到为潮流所覆没，或者像是屈服于它，而或则统治着它。

那是自然的戏剧——不是莎士比亚的——但毕竟是一戏剧。至少在我看来它是这样。每逢可能时，不要向我们谈及这人或那人。让我们听他自己说话，让我们看他动作，让我们自己构成对他的意见。有人说，历史家不能令读者们自己去思索。他不应该只把事实摆在他们的面前——他应该告诉他们以自己对于那些事实的感想。照我的意见，这正是他不应该做的。勃特来主教曾说过，一本好书只包有前提，读者可以自己从前提得到结论；最高的诗正是勃特来所要求的，并且最高的历史也应该是这样。我们不应要求这个或那个时期的历史的一种理论。正如我们不应要求《马伯》或《哈姆莱特》的一种理论。历史的哲学，历史的科学，这一切，继续是有的；它们的时装将要改变，每逢我们的思想习惯改变，每一新哲学家的职务就在表明以前的人什么都不懂。但是历史的戏剧是不灭的，它的教训像我们从荷马或莎士比亚所得的一样——无言的教训。

历史的陈辞，对着我们的思辨力而发的，是少于对我们更高的感情而发的。我们从它所学得的是同情于伟大及善良，而憎恨卑鄙，在命运的乖蹇上，我们感觉我们的无常的存在的神秘。在昭明的性格（他们左右世运）的尚友上，我们逃出了那粘般于平凡的人生的琐小，并且在自己的心中调成更高尚的腔调。

至于其他，至于那些我所提到和勃克尔先生有关的大问题，则我们正生在一个分裂的时代，无人能知我们以后的事。假如一个现在的婴孩，能和这世界一同活到第二个世纪的中叶，他将会见到什么样的意见、什么样的信念流行在这世界上，只有极大胆的人才敢去猜度。"那时候要来了"，烈赖堡说，嘲笑着近代思想的唯物化的趋向，"那时候要来了，当对上帝的信仰成为老妇人吓小孩子的故事，当世界是一机器，以太是一氧气，上帝是一势力"。如果人类有充分的时间活在地球上，他们可以创出奇希的东西，所谓"实验哲学"生长的乃是烈赖堡所预言的奇异的注脚。但是那结局是在七十年后，或在七百年后——人类无常的历史的终结是否在将来很远，正如它的暧昧的开端之距离我们一般——这些问题都无从拟答。只有一点可以肯定地预言：人性的迷将永远不能解决（人性将仍然留下一部分为物理的定律所不能解释的）。这一点东西，在他身上和在世界上，是科学所不能测探的，并且暗示，关于他的原始和命运，有若干未知的可能性。将来仍然会有：

> 那些固执的疑问，
> 问到外物和精神，从我们坠下又消泯。

一个生物的空虚的疑虑，

他有没实现的诸色世界里流转。

崇高的良能，当它面前我们无常的本性是在战栗着，像受了惊的罪犯。

将来仍然会有：那些原始的情感、

那些朦胧的回想，就算是它们那样，

还是一切我们的白日的光源，

还是一切我们瞻视的先母，

支持我们，抚育我们，力能

使我们喧嚣的岁月看来者

如永远沉默的存在的几刹那。

近代西洋史学之趋势*

上　篇

　　约莫二百年前，历史从寺院的幽静中被搅扰了，被带到了文雅的社会里。它开始在更近人情之眼界的广博、更客观的反省中，表现它的一些特性。现在市场的噪杂是环绕着它。它的世界是一个事务与事业的世界，它不再发出正教的命令，它也停止教训了，它成了历史家的气质及其同时人的观念互相感应之结果。那些观念对它各有所要求，它的前途靠它对那些要求所起之反应的性质而定。

　　产生现代诸历史学派之变化的双重性质还没有受到充分的注重，他们的历史照例从伍尔夫（Wolff）的《〈荷马史诗〉考证》出版算起。这本书人们早已公认为比较批评及科学考证的近代系统中第一个完全的例子。它虽然表示史家对于史料的态度的转变，但并没有改变历史的哲学概念，也没有改变历史在人类智力中的地位，"这种变化的产生有待史学观点的改易"。它影响方法，但不影响观点。方法的变化与观点的变化间有这样的差别：方法可以完全出于学问及研究的精神，但观点却由于另外一种精神而生。我们可以想

* 本文由 R. H. Cretton 撰，张荫麟与容琬合译。原载《中国青年》第 1 卷第 5、6 期合
　刊，1939 年 12 月 1 日。

像这样的一个历史家，他面对着若干远古的记载，他只想把这一切加以考验，并究问还有没有别的事实需要顾及，还有没有新的发现，可藉以改变旧传统。除此以外，他再没有别的想头。但是一个人若问到现代的生活与历史的接触点是什么——历史在人心中占什么地位——时，他是感觉着另外一种冲动，这不是属于学问的冲动，而是生活与经验的冲动。当然在任何时代的历史家都会问及，历史的目的是什么？马可黎曾经答复这问题道：历史，用性格及情节之活动的叙述以灌注普遍的真理于人心中。罗斯柏利（Rosebery）还在响应这个答案，他说："历史是人类传记的宝库，这宝库充满了高尚的模范及优美的感兴。"当这种答案能被史家接受时，史学界显然未曾经过彻底的变化。凡涉想及现代历史体裁与目的的人绝不会作这类的答案。他所得的结论该是：历史知识的价值在它影响我们对当代种种问题的反应，影响我们一般的心智的"眼光"，它影响我们对于每一消息及批评的刺激的反应。换句话说：历史第一次真正地回顾从前历史家把自己放在过去的某一点，而向前工作。昔人把纪元前四〇〇四的年代印在圣经的开头，把纪元前七六四印在罗马史的开头都不是偶然的事。从他们的观点看来，他们的旅行必须从一特定地点出发，照现代的历史家的看法，那确定地点就是当今。他不把他自己运回到过去，然后推到现在。他们往后追溯，就过去事迹中，特别选择其对当代问题有重大意义的。从前的历史家把年代看得很重，现在的历史家却把年代看得较轻了。这些史迹的生命力不在自身，而在它们对探照灯所反应出来的一星闪光。这种观点的变化比方法的变化出现得晚些，因为它不是连续的，所以它的进展也较难以追溯。学问精神的变化，一经开始，可以凭自身的动力，直继续下去。观点的变化受思潮起伏所支配，它也受社会及政治运动所造成的阻力及助力所支配。但是亚丹·斯密的著作可以算作一条发展的路线的起点。这路线经由勃克尔（Buckle）及拉其（Lecky）到达格林的《英国民族史略》的穷途，又到达马克斯的更有力量的影响。

这种变化的性质，使得我们无需乎（若不是不可能的话）详细去追溯历史知识的进步。有两句十八世纪的名言恰可以作现在与过去的史学的分界石。一句是瓦尔浦的话，给我念什么东西都可以，只不要历史，因为历史必定是假的；另外一句是约翰生博士的话，他以为历史必定是一种编日历的工作。这些说法有一共同之点就是，历史仅仅是许多断案的聚合。瓦尔浦暗示历史与生活及时代是没有关系的。因为任何时期或任何人物的历史的推论可以对或不对，但是认为历史必定是假的这种情感只能从一种信念而生。那就是说，历史与常态的生活及常态的人类的心绝不相干。约翰生暗示出历史与哲学或智力的好奇心无关，照近代的说法，历史乃一人生的理论，乃一智力的公式。照这说法解释，上引的两句名言便成了全无意义的。史学革命的完成由此可见，约翰生的话不用说了，瓦尔浦之谬也是显然的，因为说历史一定是假的，就等于说当代的社会学、哲学、政治哲学没有一派是站得住的，同时也没有学问或科学的考据那回事。

在改变观点及方法的种种势力中，有些原素可以用来解释历史在今日的地位。虽然那变化可以从伍尔夫与亚丹·斯密的著作算起，《〈荷马史诗〉考证》及《原富》，都不是突然爆发在一个陌生的世界中的，它们都立即为人认识，换句话说，它们都是若干思想趋势的最显著的、最完满的结果。这些趋势我们可以很粗略地概括于理性主义的题目下，对于教会权威的反抗在历史及其他学术上同样是不可免的。耶教的种种影响当中，其一种最有力而持久的就是把这世界和它的过去切断。罗马文化的毁灭固然必在欧洲历史上造成一道鸿沟，但新宗教更把这鸿沟弄得更深而且更固定了。这新宗教所产生的变化是这样摇根动本，遂至前数世纪的一切努力、一切希望、一切思想，都好像是枉费的。因此，其受遗忘的程度之深，绝非仅仅时移世换所能做到的。在以前，所谓过去只是在年历的意义上算是过去了，并不是在想像的意义上算是过去。希腊与罗马人并不觉得历史是一种智力的追求。我们可以说，也许所有的古典文学都是历史，也许都不是历史，这两说都有同样的真理的。雅典的伟大的戏剧在一方面上和杜西地达斯的著作同是史书。在另一方面，塔西达斯的《编年史》和《伊尼雅特》同是一种想像的作品。那些历史家、戏剧家，甚至抒情诗人都用同一的材料工作。欧底泼斯与柏雷科斯同是雅典人，特尔诺斯与提柏瑞亚斯同是罗马人。这些作家的兴趣与其说是在所记录的言行，毋宁说是在记录所表现的风格、慧巧及戏剧的力量。材料是共同的，是成了定型的事实，有些几乎是成了典型的事实。神话与信史的差别已不存在，历史完全适合于马可黎的定义："它是一种诗与哲学的混合，用性格及情节之活动的叙述以灌注普遍的真理于人心中。"

当然，耶教的要素是要灌注普遍的真理于人心中，并且依靠那极端窄狭的事实的基础。

在新宗教的胜利中，基督的三年布道，及三日间的受死与复活，就足以消灭先前西方世界的历史、诗歌及哲学了。基督教使学问与文学专门化，它简直独占了想像的领域，所有的艺术都成教训的。所以，当历史挣扎着复活的时候，有一种新的区别产生，那就是叙述的内容与叙述的方式的区别，也就是教训和娱乐的区别。对于前者，刻意的想像是没用的。想像用在事实上，其结果属于另一类的文学。历史与小说开始分家了。

文艺复兴虽然给我们对于历史一个较广的眼界、对于过去的较生动的感觉，但对于史学贡献甚少。久已遗忘而新被发现的史书，只被人当作古典文学来读，而非当作历史来读，因为道德的标准仍旧有力。它有两重的影响：一是在古代与现代的世界中划了一条界线，一是以有益和无益的教训式的区别代替了真和假的批评的区别。甚至依拉斯马斯（Erasmus）虽然能够见到前一种区别，却每每看不到后一种区别。在两方面上，文艺复兴都没有引起任何真正的变化。它的领袖人物固然否认现代的世界比古代的好，他们把时针拨回去以自娱。他们在思想上和生活上，只当基督教未曾存在过一般，但这样只是把古代和现在的分隔愈掘愈深，并没有把二者连接起来，只是把二者的界别过分侧重。虽然宗教改革曾扫除一些老的判断的麻木，却不能在历史上立一个新的标准。历史就其为一种智力的活动而论，依然是一种机械式、操练式的活动，因为哲学和人生的理论与实践还与教会的教训为一。

宗教改革对史学的影响是怎样地少，我们可以从这事实看出：当史学的变革终于开始出现时，这变化开始出现于一个并没有宗教自由的国家及民族里，英国和德国都不缺乏能领导变革的人，来伯尼兹（Leibnitz）在一千六百七十年照原样印行了许多文件不加"修正"。他的英国弟子瑞马（Rymer）把英国的宪章誊录印行。其次如杜格达尔（Dug Dale）、李兰（Leland）及活德（Anthony Wood），他们的工作都根据一种本能的信仰，以为历史的学问确实是有的（虽然这信仰还没成为一种理智的信服），至于史学的实在范围和性质，他们所见甚浅。形式化的基督教给史学划定紧严的界限。在这界线内，史家远征所及，不外国家的正式文件、大寺院的资产表、家谱、徽章等的细节而已。这里有对于阶级界别的尊重。这些界别就是教会之物质的繁荣所倚靠，甚至是她本身的安全所倚靠。不管这些印行得怎样多，历史是不会有很大的进步的。阶级的世界观念统治了它，有些社会的层次和历史简直不发生关系，一种想像的秩序破坏了探究的努力。在那些曾为宗教解放的主要舞台的国家中，使它们成为新教沃土的性质限制了它们，同时它们是太过幼稚，太过严重了，不能达到完全的心的解放。那两个新教国家所以能强力地而且有效地抗议罗马教会的权威，其原因之一，即是它们的内心，兼有精神上的服古笃旧，和智力上寻根探本。洛克（Locke）及勃特莱（Butler）都没有什么帮助给瑞马及杜格达尔，因此，历史虽然开始把王公大人们的事迹及意向考证得更确实些，它依然坚信这些乃是最重要的史实。

大变化是要从另一方面来，要从另一国家来。这国家没有充分的倔强，所以能忍受罗马教会的威猛的命令。它却是永远有一种活泼的智慧，不致把任何对于精神的好奇心的人为限制看得很严重。法国对于官府的基督教的地位，能作极端的表现，也能作那地位的最强的溶解力。二者合一，才能产生新的历史观念。布塞（Bossuer）和福禄特尔（Votaire）完成这种合一。"世界历史"乃是教会许可下的历史之最高的成就，它使得人类全部的纪录，以基督的诞生，及上帝关切人世的理论为枢纽。这书对福禄特尔的影响产生了理性主义精神之第一次可注意的表现。在人类心智的进步中，曾经发生的事实的真相要等许久才能透入全世界的意识。差不多一百年来那两种影响是并行的，它们互相觉认，互相怀疑，却各受对方深刻的影响而不自知。历史的学派渐进而为接近真正人生的东西，这最初显现于法国，在那里往事的影响自然是最强大的。杜康（Ducange）的《字义》、蒙德福康（Montfaucon）的《希腊古文字学》及巴黎的 Benedictine 学派的全部工作，造成了一个很大的进步，虽然这进步是盲目地进行的，却依然是很大的。历史受了哲学的刺激，不幸哲学家不是良好的历史家，不能使它们的影响成为一种指导。因此那种刺激的作用没有一定的方向，历史的各学派接受了这刺激物，直从自己的阵线向前放射。理性主义者随着他们的进展，向它们的系统及它们的观点挑战，却不能利用他们的研究和发现，以达到更好的目的。

但路径一经开辟以后，那两个只是无力打破樊笼的国家，从已做成的裂口自行前进。法国思想家的工作不能作为历史方法及观点的变化的起点。它们虽然把产生变化的两种极端的势力合并为一，因而产生了新的东西，但这两种势力因为带有极端性，依然各自分途。考证家在他们的限制之内，可以成为好的考证家，但哲学家永远只是俏皮而专好破坏的概括者而已。惟有德国才产生没有限制的考证家，惟有英国才产生尊重事实的概括者。伍尔夫的《〈荷马史诗〉考证》有深刻的学识，而没有受教会影响而生的任何偏见。他接近他的题目，并不是带着文艺复兴对古典文物的热烈的感情，也不是带着寺院的学者对那"异端"时代的冷峭的疏远，只是自居于一个纯粹理智化的人。他的工作启示给正统的历史家以一事实，他们在十八世纪中已作了很大的进步而不知道自己做的是什么。另一方面是亚丹·斯密的《原富》是对理性主义者的启示。不只教会的强力的统治已经过去，不只历史已逸出了基督教的事实的樊笼，阶级的历史观也全部成为过去了。国王与贵族，也同教士一齐被推翻，他们摔倒于一新的历史哲学之前。照新的历史哲学看来，他们的战争、口角，他们的宪章及条约，在国家生命的潮流中，好比一些泡沫及漂流物而已。这国家生命的潮流却是循着人类的共同需要、地理形势的利害、中产阶级的商业、工业的劳力等等。战争与条约有时是这些势力的冲突之可见的结果，也许是潮流所遇的障碍物，但潮流自身通常却是和这些东西分离的。

历史这名词有双重意义，它指示人事的进程，也指示这进程的记录。伟大的历史时代很少对于历史的记录有多大直接的影响，但事实上当伍尔夫及亚丹·斯密的著作印行时，欧洲史的进程正要大大地加增对新历史方法的认识。法国革命在两重意义上制造历史，如亚顿所说，凡要替法国革命辩护（说它是一切历史之成熟果子）的自由学派必须费力去说明历史是什么，而不能以旧有的答案为满足。照这派思想的前提，国王、贵族及教士并不占历史的全部。有了休谟之力，亚丹·斯密的理论开始透入英国政治的中心，他的名字代表理性主义做成了一新的大罅隙。

关于十八世纪历史观念的这些变化，有一点是应该注意的：他们已经预兆到历史与其他每一门学问（实用的或理论的）的交互影响。宗教、哲学、科学（例如莱伯尼斯及巴斯加）及政治都感到这变化，不但在许多方面把它（历史）改变，也被它改变了。但是像布索埃特的赋予活力的影响加于福禄特尔以后一般，要过了些时候，这变化方完全被人觉到。

对于世上一般人，历史仍是一堆纪年录一类的东西。像费利曼教授那样和现代接近的一个人，竟会给历史下一个空虚到出人意外的定义，说它是"过去的政治"。自由学派对英国人所给法国革命的解释是失败的。毕特及拿破仑的战争接着出现，英国思想的大部分抛离了那些新观念，和断头台发生关系的历史及哲学的观念冒犯了"正人君子"的国家，在"改革案"运动之后，虽然有新宪党的捣乱，英国在思想上却是向后退了。

但是落在史学上的光明是那样强，虽在普遍反动的时代中亦不易消失。理性主义者所产生的精神上的变化，及对权威之新估价所产生的方法上的变化，都在革命前发生，也是不能磨灭的。从史学的观点看来，革命之最坏的影响是：它最初好像要促进一种新的历史解释（用实在的、可见的、现今的民族生活来解释历史），结果却把它延缓了。换句话说，当时再度遗失了的是历史和国家的日常政治的联系。

但是，历史家并不曾完全回到图书馆的幽寂，像哈林的《宪法史》虽然在大多数方面是正统的，也有些地方表示着当时的学者已嗅到自由空气。哈林故意把他的著作停止于乔治第三登位之时是很有意义的。如果我们绝不知道这事实——如果那本书只是止于所止之处——那意义恐怕不会如此显著。不过我们知道哈林很后悔辍笔于此，可见他已想到（无论怎样微弱地），历史可以涉及现代的事情了。那就是说，史学上的争辩，可以不是文件的冲突，而是政治主张的冲突。哈林决断这是不能容许的，但他心中感觉这种决断的必要，这是很重要的。由此可见卡莱儿在他的观点上并不算偏奇、孤独，如常人想像的。从"法国革命"的灰黄的烟氛里，及在"过去与现在"的焦躁中，永远可以听到这样的呼喊："这就是你的历史一定要解答的——这广大的群众，为你们关于国王及贵族的巧佞的记录中所没有的。如果历史是有重大的意义的话，你一定要站立在这里，当场就地的瞧着它，并使它常可以被瞧得见。"哈林看到而终于拒绝的，就是这当场就地的站着。他和卡莱儿的精神虽然不同，但他也感到，历史著作的真正原动力是这"最近"以至"同时"的不可控制的原素。

很奇怪的，近代批评认为是史学的阻碍的一个历史家也是如此。马可黎在史学界的地位的论定，每从一问题出发，他要使历史成为一种"真实故事"之明说的目的，成了他的罪状。在他的时代，科学研究的新方法、权威的批判、文献的尊重，已成了史学的通则，而他却要倚赖于想像力，在后人看来这差不多是一种昏迷的自大。他想使标准历史中有名的人物和紧要关头复活重现，而不肯把那些标准历史的观点重新考虑。这是学术的一种过犯，现在不能为他辩护了。但这里仍有未可磨灭的余地，马可黎有未可厚非处：他的历史离哈林或卡莱儿的不远。他的著作的原动力是对于当世事务的关切，是对于产生它的条件的兴趣。当然这种关切和卡莱儿的不同，那完全是一个中等阶级的关切，为自由主义派的政治痛苦所引起的，并不是其民众肉体的痛苦所引起的。再者，这兴趣的性质也不同于哈林的，这不是学者对于宪法发展的兴趣，而是政客在党争中的兴趣。可是当马可黎写作时，他把脚跟固定地植立在他的时代上，他即使后顾，决不致把他的脚提起。总而言之，他觉得历史是比年表多一点。他的批评者，虽然承认这点，每每为轻易地认为他对年表观念的救药只是浪漫的想像。事实上，在他那时，及自他那时起，比他好的历史家也用同样的救药，——以当代的事业及当代的政治兴趣为历史的轴心。马可黎自称，他的野心是要使他的"历史"代替了妇女桌上最新的小说。这句话常被一些历史家用来诘责他，但这和史学界发展所趋的目的并不是不谐协的。

说他喜欢用陈旧的人物及情节，而不重新考虑他们对国家生活的真正重要性——这种批评完全出自现代的观点。这批评忽视了一件事实：最英明、最饱学的新史家若拿来与马可黎并论，在这方面也不见得比马可黎有更多新创的见解。兰克是近代史学界的偶像。他的弟子亚顿用了两句关于他的话总括了近代史家的两个理想。第一句："他是首先英勇地研究历史记录的一人。"第二句："他教我们要批评，要不带色彩，要新颖。"然而兰克从没想到的历史的题材是在那些君主、贵族，及教士的野心、政治家及国会的党派之外。不管他给予考证及比较批评以怎样新的气力，历史的领域对于他始终止于旧的界限中。

事实是这样，在十九世纪的前半，英国与德国在史学上的地位，与十八世纪时法国略同。两个潮流都在进行着，都不完全感觉到彼此间的关系。方法与观点的最后接触，其给予法国的永久影响在方法，其在英国及德国延迟了许久的结果是在观点。当然那平行的影响是不很相同的，理性主义的哲学已做完了它的工作。无论如何，在英国，当十九世纪时，宗教偏见所构成的障碍物是左右地倒着，并且我们不能想像历史会在教条的桎梏下前进。因此，和纯粹的历史家并行的影响要在别处寻找，那是政治及社会改革的影响。

福禄特尔、莱伯尼斯、笛卡儿及休谟在十八世纪所做的工作，在十九世纪是给卡莱尔、米尔、勃莱特、拉萨儿、马克斯——那些过激派及社会民主派所做了。哲学家曾解放了历史的探讨，政治家现在要把它的重心转移。这探讨最初是要带有意味的，后来变为要受正人君子所尊敬的，现在连这性质也被认为一种限制了。

方法的变化替历史所开辟的田地是这样大，所以观点的变化被延迟了。十九世纪大部分精力都用在垦殖这田地，在一时期只有历史原料的零星的印行而已。但将近一八〇〇年时，欧洲各国政府的档案已受到史家更深切的注意，大陆的学者多数只研究那些文件，为自己的目的而利用它们，并任由别人为着别种目的而利用它们。英国史家却大费气力去把国家的记录分类并印行。关于这时候推动历史工作的真实力量，没有比下面的事实更能给人以深刻的印象了：最初二十年来，官印文件的浪费和虚耗还不能使这种营业坍台。这种工作是那样重要，所以爬入其中的腐败能被祛除。结果在英国这种印刷比在其他任何文明国家都发达，但同时在英国史家太专心于这种工作，遂至不能感受其他的影响。年表家又恢复了它的势力，凭亚丹·斯密的精思，英国在精神的新颖上导了先路，但这种精神的新颖后来英国也消失了。这种情形不仅英国为然，在大陆上，文件的研究，虽然不采印行档案的形式，也销磨尽了史家的精力。尼伯发现了古籍的本子，把罗马共和国初期历史中人格矛盾的疑案解决，把制度和趋向阐明，孟申除了把罗马英雄重新估价外，又贡献世界以他的庞大的"Corpus Inscriptionum"，基扫特在一八二二及一八三〇年印行了五十七册关于英国及法国的史料——这些人都是史界的巨头。美国当她开始有所成就时，也不曾贡献过任何历史的新观念。皮斯客特的《斐蝶南及以萨伯拉的历史》、《墨西哥的征服》及《秘鲁的征服》都属于"记录之英勇的研究"这一类，他并不曾问及所记录的事实是否历史之惟一主要的实质。可做的事是那样多，当时大历史家即使有时想到这类查根究底的问题，也无暇顾及它。写本及印本文献的研究既渐渐地开发了许多材料，考古学也同时慢慢地在加另一种材料。发掘给古史家带来了一串新事实。这些新事实虽不如以后时代的新事实之多，但其骚动史学界则一，甚至像尼伯及孟申的晚近的重构工作也显出有错误。

几乎一切十九世纪的历史工作，都带有一种特殊的热诚。这热诚是超乎发现并使用新材料的兴趣之上的。历史判断的重新考虑及历史人物的重新估价，给人以新观点及新方法之虚幻的印象。庞被的性格的传统看法之被推翻，流俗对 Titus Oates 的谴责之改变，亨利第八的公认的仁慈之严厉的否定——这类工作带有新的生命。这些工作不过是旧牌的重洗，原局中棋子的稍移而已。这些探讨也许可以使年表更为有趣，更为可读，但它仍是年表而已。

再者，史学专门化的自然趋势（权威的养成需要专精）把新方法与新观点的结合延迟了。这结合假如比实际上远早一些，可以把经济学从无用的孤立中救出来。不错，马克斯因为对于经济学的工作有清晰的观念，所以能自救。但如英国的白芝浩、罗杰士诸人，从没有彻底了解，在他们的著作内，保存了一种新理论（关于史学的责任的理论）的种子，那是《原富》一书先已具有的。和他们同时，斯托波（Stubb）印行他的《宪典》，灰而曼和福楼特（Froud）和伽登纳尔（Catdiner）把短时期的政府档案整理了又整理，但这两群学者都不曾想到他们相互间的接触可以产生新光明及活力，都不曾想到经济学家可以把史学家和他的时代连接。这一来，可以产生一种新的兴趣，比纯学者的兴趣更广博而永久。

但有两部书超出这时期的其他著作之上而表示重心的移徙。一本是勃克尔的《文化史》。在这部书里，惊世眩俗的事件及高尚的模范和优美的兴感是占很小位置的。假使勃克尔的工作到了完全成熟的境地，他也许是像福禄特尔那样摇动人心的一个怀疑主义者。他的基本主张，有些是有意攻击学院的历史的。在他看来，建立历史为一种科学的工作，过去做得很少（这种历史应该显示支配国家及人物的命运的原理）。换句话说，历史到现在仍是个人的历史，而不是国家的。勃克尔认为范畴一个民族的前程的势力，乃是它的自然环境、它的土壤及气候的情形，它获得生活必需品及奢侈品的便利或困难等等，而不是君主及教士们的行为。那些人是被范铸成的样品，而本身不是范铸者。他更进一步说：个人的努力，在国家的历史上是比较无关重要。大人物是有的，但大体上他们只是些扰乱的势力，而不是历史发展的领导者，是时势造成者而不是造时势者。宗教、文学和文明国家的统治，一一屈服于新标准下，成了人类进步的产物，而不是人类进步的原因了。

不幸得很，像大多数十八世纪的哲学家一般，这位长于综括的新天才和这新怀疑学说，为历史智识的短缺所害累。勃克尔在述意上每每松懈，在论断上每每轻率。但是他的工作，与《种原论》的出版所产生的科学的新秩序相符合，虽然大部分历史家仍持旧观，但自勃克尔对他们挑战后，他们的心中已有一新倾向，这种倾向因科学上的新变化刺激而加强。福楼特虽然反逆潮流，偏要跟马可黎走，但在这一点上，他没有继承人。

另一种对于学院的历史的挑战没有收到完全的效果，并不是因为学力的缺乏或立言的暴躁，只因为它把新精神表现得太夸张了。格林的《英国人民小史》把钟摆拨得太猛了，以国王、贵族、国会及战争为历史的标准材料，这是错误的。但说这是错误的并非就认为如格林所主张，在真确的历史中，这些材料可以一概不提。这也许是真的：旧史所载，摇旗呐喊及铺张扬厉的事情，是历史的外表。而国家的真正生活却在它底下进行着，而钟鼓喇叭的余音是传不到英国的小城镇和乡村里的，王室的兴亡不能阻止耕耘、纺织的工作，或熄灭锻炉的火焰。但是，如此看来，人民便成了一种很奇怪地隔离而无生命的物体，不时受到外来的、不可完全解释的震惊，有时从模糊仿佛的接触得到利益，有时得到损害。它很像是一个有神经系统的物体，但缺乏神经系统之器官的用具，数百年来人民所藉以观见并处理事物（就民族的意义言），藉以旅行并获得经验的肢体，格林着意地把它们省略了。

虽然没有收到完全的效果，他的《小史》已留给我们第一个新史观有意的习作了。在对历史的关系上，它是一个时代的顶点。在这时代里贵族的特权及中产阶级的个人主义先后崩溃，政府的机构、国家的组织直接和工人的状况发生关系。它的主要缺点有一部分也是由于那极重道德的时代在国内政治所保持的和平性格。在勃莱特及格拉斯赖的活动上，并没有革命的材料，在莫利斯及金得利的教育的过激主义内亦没有。那时代自然不会以争辩的口吻来记录它对于君主及贵族们的冷酷，或对教会的贪得的抗议。认为国家的生活是离开这些表面上的扰乱者而独立进行——这也许在当时好像是一个前进的理论。但据此见解而著者，只是规避重要的问题。规避重要的问题原是那时代的特性。如果一切以前的历史材料对于国家的发展并无多大关系，如果宪章、条约、战争、国会，及会议对于人民的重要，只是在人民对他们要付血或金钱的代价——如果这些是真的，那么便有一笔账尚待清算，格林的断然的修正，只是把这笔账压下而已。

下　篇

在十九世纪末的英国，差不多各种学术的活动都发生一种特殊的变化。这变化最初是在哲学。法制上（特别在工业方面）的道德混乱及理性缺乏——对于这种情形日渐深刻的感觉，使得我们的道德哲学，越来越在结论上带试探性，越来越厌弃强调的判断了。在宗教上，"种源论"所引起的关于"文字的感兴"（verbal inspiration）及事物的由来的种种争辩，热力顿然消失了，它们仍然保留一点学术上的兴趣，但是在一种新的实用的冲动（要寻求人的道德本性的每一种刺激之冲动）面前，它们已失去精神上的急迫性了。信仰的坚度及压力变成了比它对理性的反应更为重要，这一半是由于哲学的新影响，另一半是由于自然科学的自足自满的掩袭。早期（对演化论的）热情过去以后，人们看清楚达尔文的假说只是一种假说，达尔文所提出的不过如此而已，而不是系统的断案，如它后来所变成的。在社会及工业状况的好处与坏处之奇异的混合中，科学开始改变了它的整齐、坚决的公式，及目的性的观念。还有更可注意的，它竟接受它以前所极力否认的道德的及伦理的色彩。环境之本能的反应说及适者生存说等类独断，它再不会无条件接受，而不负起改善环境及增强不适者说的责任了。

事实是，每一门学问都感觉到十九世纪的机械的成就的影响，这种成就沟通了全世界。地理上的发现、旅行的新便利、研究工具的改进等等，对于学术进步的助力是很明显的。但同时还有一种更微妙的促进交通的势力。贱价的印刷、贱价的报纸和普及的教育，使得文明社会各部分有了一种相互的感觉，为以前所无的。这时，所不大注目的种种发展，如商业上有限公司之增加，大大地改变了社会的机构，创造了阶级与阶级间之感觉上的新连环，那些阶级，以前彼此间的认识，是很疏远的，甚至带有敌意的。

在这普遍的思想变化中，历史才受到观点的变化。这观点的变化虽然比方法的变化更难追溯，但对于一切考虑到这问题的人，是和方法的变化有同样真实性的。如果史学要不仅是智识的追求——如果史学是要发生实际的影响，那么史学的整个前途似乎有赖于那观点的变化的正确了解。十九世纪之末，历史既然有这样好的准备，这样多的助役，那么，在一个爱科学的时代，一个对科学的要求极严格的时代，人们自然要把历史放在科学的名目下了。不仅正确及公平成了史家工作的极寻常事，他们还有真科学家辨别事实真伪的旷达。地理学、人种学及物理学同文献的及考古学的证据一样，成了近代史家的材料。比较新近的时代的划分，比较新近的关于人类进步的观念，很容易就被人抛弃了，正如纪元前四〇〇四年创造世界说之被人抛弃一样容易。但是，在史学上新的旷达态度每成了决断的瘫痪。这在史学上较其他科学更甚。应用原始资料的热诚，使专门历史学常勃勃有生气。但在十九世纪最后的二十年来，通史的著作是停止了。史料的新工作的发现所引起的能力的迸发之后，继以一阶段，同样地吸聚了专门史家的精神，但对于他们的生产，却是一种阻碍。这是对史料之比较估价的阶段，同时也是以前对马可黎及福楼特的态度之必然的结局。这些历史家在不同的程度上（福较马为甚）都从原始的文献上工作，只因为他们有意掺用想像而撇开他们是不可能的，因为他们的严重的叙述都有相当文献的证据。所以，证据应有价值上的分别。在这种研究上，历史家开始用心，史学的各方面都受到这种影响。尼伯尔、孟申、突儿华尔（Thirwall）、费利门及其他十九世纪初期和中叶的史家，都曾依照一些新材料来写罗马、希腊史。这些材料相当于近代历史中的档案，那就是发掘的结果。但当这世纪之末，在这领域内，权威亦开始被人疑问，以前它却大抵是被人照原样引用的。当那些发掘家走得愈深，涉历得愈广时，他们滋生了许多新事实，遂致考古学者亦受到和历史家同样的阻碍。专深的探讨几乎陷于悬而不断的绝境。惟一安全可做的事是印行文件，并避免根据它们来写历史。

在美国，第一个够伟大，能面对这危险的历史家是亚顿。在原料的熟悉上，他是无敌的，在证据的估价的能力上，他也是无敌的。他试去唤醒一般史家，说道：虽然整理文献的时代正在开始，我们已有了立足点，因为意见已渐重于信仰，智识更渐重于意见。他把他的确信施于言行，着手于一件庞大得够弥补数年来史界的荒芜的工作，那就是《剑桥现代史》。

当一般人都不愿说肯定的话时，他的确信的根源，除掉他的特别天才外，也许一部分是因为他能划分历史家之研究的及训导的责任。他知道（别人很少知道的）原始文献的汗牛充栋（因为对欧洲各国历史的任何问题，一个历史很少有只顾到本国的档案，而不研究他国的），他勇敢地主张：材料及权威的领域应该只属于历史家，那些学生、普通读者、政客，是不能希望和它发生关系的。公平为理所当然，没有一个历史家不把兰克的理想（他的无色彩的正确，对权威的批评，个人的偏见的压制）放在前面的。因此，原始文献的印行是枉费气力了。历史到了这时候应当可以印行一种清晰叙述，没有关于史源的脚注的牵累。

这是异常的、坦白的供状。这种信念未被明白提出之前，已遭受反对，不独为英国思想及探究上的每一趋向所反对，并为转变的教育精神及为政治潮流所反对。

十九世纪之末，存在着一代英国人。他们是在国民生活的两大变化的支配下生长的。一是报纸的贱价，一是强迫的教育，此外又有大学扩张运动，及新省立大学在精力、才力及效率上的大进步。结果历史家发现他们面对（可说是突然的，因所有的影响同时到临）着一个新的要求，不但就提出它的人而论是新的，就它的性质而论也是新的。它是一个真正的严格的要求。在过去教育一向被认为是阶级的差别，因此，当从前没有受教育机会的人一旦得到这机会时，他们疑惑教育是真正制造并维持阶级差别的工具。在十九世纪，普及教育运动到处成了政治的口号，成了阶级的口号，它曾是改革派（Chartism）的一种主张；再后变成自由党政府对一八六七改革后的公民投票之最初反应。它在一八八四年改革后所选出的国会手中进到最后的阶段。自然的影响是：当一有受初等教育机会的世代兴起时，它带着一种咄咄逼人的好学的精神接近它的教师，不单只是要受教，并要知道所教的是什么。亚顿的分工说也许会产生一种固执的历史学者，发出绝对的命令，以专家的决断为藉口，而他们决断的理由，一般人简直莫名其妙。这新世代不肯以任何权威的判断作为自己的判断。原始文献的研究所开的门是不能关上的。人们要求得读原料的本身，没有经过"中等阶级"的学者的点窜的。

这也许把那些新进对于史学界的态度说得太利害点。如果真像是没有这样明朗（如果关于这种态度，人们所听到的，不如这里所涵蕴之甚），理由一部分是历史家本身规避了亚顿的"通谕"。上面所引他的话中的一句就足够使二十世纪的任何专家反省了。那句话是"意见渐重于信念，智识更渐重于意见"。虽然智识的进步很大，如果在这时代的智力的原则上有一点是比其他更为人所注重，那就是对意见的尊重。这对意见的尊重，使得从智识到主见之间的心理转变，极端困难。知道的愈多，执持的愈少。因此那些新进（当他们是热心地并且以破坏偶像的态度侵入学问的座位时），发现他们并没有被迫要作什么主张，导师及教授不再说教了，他们携带了到史料宝库的钥匙，同他们的学生进去。研究班是理想。讨论非常热烈，主张却沉默了。

我们将发现（这发现还未完全为人所公认）那对史界的新要求不独在种类上是新的，并且在提出这要求的人们上也是新的。在昔日人们可能（虽然这办法对历史工作是不好的）在某一点上划一条线，把一切接近那条线的当作现代的事实，还没成为历史。大略地说，正像哈林停止于乔治第三的登位时，十九世纪的正统历史家停止于维多利亚后登位之时。在一个长时期内，民族的生活和阶级间的关系是那样，以致这界别的虚伪不易为人见到。教育是有限制的，阶级的分隔是很清楚而紧严。不管在史学界，固定秩序的感觉怎样为十八世纪理性主义所侵蚀，它在实际的生活上仍是实在的。

在"改革案"（Reform Bin）之前，英国的社会（不管它内部的困难和分歧是怎样）有一种确定的形态及秩序，没人对它发生问题的。一般人民无意去归纳当时的趋势，并且不要求对他们的生活的进程，得到一种概观，因为他们大多数没有"有机的发展"的意识，任何程度的有效的趋势不会存在，除非等到少数受教育者把它们归纳出来。近代英国有一些真正的需要，那些需要是我们已述到的两种影响所引起的，那就是报纸及免费的强迫教育。今日的人不免要知道世事如何进行，并且他们能凭藉若干百年前所没有的工具来宣达趋向及兴趣。简单一句，他们有无限的机会和一切的资料，以迷惑他们自己及他们的统治者，以将他们的事务化为不可解之结，以盲目乱撞于不相关的事实之网中。这新世代的要求实际是：历史知识能够把现代生存的种种观念系统化吗？能够归纳出它的趋向吗？能够对于它的种种不谐的利益给以形体及目的吗？

这要求被人们觉认时，人们便用种种方法去对它。保守的专家有一不可免的回答。他立足于历史的尊严上，并宣言：第一，她的诏谕是太严肃了，必须在过去时间的冷静中宣布，必须根据一切可得的证据；第二，要求她垂青于现代事实是把她贬为政治的武器，并剥夺了她的教皇的坚决。首先要注意的，是这种见解是充满幻觉的。所谓历史的冷静实在不是过去时间的冷静，而是一种丐辞。时间的过去之惟一价值是防阻这丐辞之被人发现。专门史家在他所叙述的时代与他所生的时代之间，划一缓冲时间。凭这办法，他便可以着手在棋局上布放棋子，而无须顾及它们对于当代情形的重要性。很明显的，这一来他可以冷静，因为他已经使得他的题目不与任何可唤起感情的事实（那些与现代生存有重大关系的事实）发生关系。再者，"可得的证据的全部"乃是虚伪的话。那些专门史家等到时间毁掉了生活中眩人的五光十色，取去了爱和憎中的热力，消灭了那不可捉摸的疑虑和同样不可捉摸的信赖，他等到除文献外没有什么东西留下来，于是让时间替他做别的"丐辞"的工作。那叹息历史成为政治武器的好意也是一种幻觉。历史的教训是永远带有政治的涵义，但当历史教师所属的阶级，和他们所教导的阶级一致时，政治的线索是比较不明显。只是当别的阶级来受教时，那政治的偏见（不必是一种活动而强烈的偏见，却是有效力的，如果是不自觉的，眼光上的限制）才现出真相。不是我们故作怪论，反对以历史为政治武器的主张，就是最富政治意味之历史的应用。因为它的涵义是：智识及探讨一定要先承认一种固定秩序，它（智识及探讨）和变化及改革的历程是不生关系的。因各时的固定秩序之不同，它可以在不同的时代帮助不同的方面，但它的最高理想是不帮助任何方面，这是中产阶级心理的精髓。

虽然幻觉是很可怜的，但是专门史家之历史尊严论还有更基本的缺点。在结果上，它否认改变的精神的真实，那精神会影响过其他一切智力的活动。近代哲学家的试探性，近代科学家的伦理观点，它们的意义是什么？那就是：学问和教育的惟一真力量，乃在它和民族生活的潮流（无论怎样复杂，怎样被错误地指引，或没有指引）间的永远新鲜的（也许永远粗生的）接触点。坦白地为着一时而建设、写作；同时认清楚现在所写的不久要被重写，贡献假说；工作，而不求达到最后的判断，——这些都是今日专门著作的特性，史学不见得有什么理由要独成例外。为要接近现代的事情，它必须与他们符合。当然有些史料不能得到，除非等它所直接关涉的时代已成过去；许多事迹没有显著的重要性，除非等它们所引起的运动或趋势有充分时间以表露出来，但这些浅显的考虑并不改变以下的事实：在近代生活里，有丰富的资料，可凭藉以建立假说，可凭藉以推测种种趋势的性质和民族性的发展。

为适应现代的要求，不必有许多近代史及现代历史的实际写作。一些当代最有名的历史家已作另一种反应（也许不是故意的）。例如在梅特兰（Maitland）及梵诺格拉多夫（Vinogradoff）的著作里并不曾表示他们除掉纯粹历史探讨外别有什么动机。可是若说他们对于历史工作的特殊兴趣，是由于这工作是和政治问题有关（无论这关系是如何间接），是和近代对于社会结构的重新考虑有关——这也不是虚幻之谈。他们的工作有一种想像上的把握，为许多与他们同时的历史家的工作所缺乏的。

这里我们看见了全部事实的根源。这是一种成了老生常谈的真理，想像是历史的写作及教导的生命素。但是说这真理的人常常没有体认到想像可以运施于许多方面。它可以从历史家的心运施到社会的心（以前它大抵是这样运施了）。史学的前途，现在看起来，系于史家对一种想像的了解，这想像已经开始在一般社会里运施，并且从社会的心运施到历史家的心了。

最初的欧洲文学是充满了一种对过去的想像，这想像表现人们没有感觉到过去与现在之间的鸿沟。想像并不创造故事，只把现代的生活放在过去的遗产里，所以它的历史很舒适地从普卢米地厄斯（Prometheus）转移到柏利克利斯（Pericles），从依尼亚斯（Aeneas）转移到奥古斯塔斯（Augustus）。如果有人向杜西狄特斯（Thucydides）及德西塔斯（Jacitus）问道：亚尔亚败亚特斯（Alcibiades）及士赞那斯（Sejanus）是否可算为历史人物，他们一定会惊讶，但是现代历史家若试去描写同时的人物，便不能避免这种问题了。那初期的想像，其根源是在当代的情况里，它不过是经过几个世纪及一条不同的路又走回同一点吧了。这里耶教的来临，对于历史又有很严重的影响，它认为有意义的过去只限于犹太的一个短时期，和后来欧洲史中受这时期的事变影响的一段。这一来它把连续的感觉打破了，它于这时间以前和以后之间划了一重要的道德界线，这一来它把任何施于过去之想像的运用都禁止了。即使当（凭智识的迟缓的增加，和文艺复兴的突然的照耀）那过去开始复活时，教会还保持着它的势力，只凭"Anno Salutis"一名词的发明，它已替智识的偏向制造了再坚牢没有的工具。时间的某些特定区域现在被划为"历史"，因为这些区域和教会的权威相连属，当想像再不能为教会的使役所限时，它就变成一种流氓了。这名词永远带着虚假的想义。也许想像（例如在寺院的年纪中的神话部分上）曾为正当的教会的目的而被运用，在这些事实上，那流氓曾受到一种特别的宽纵，但是由想像达到任何的实在的真理，任何事实之根本的体认，那是不可思议的。

虽然宗教改革对于历史的直接影响是很小，但是它把过去的门给想像开了（不只因为它把教会之掩蔽一切的权威移去。并且因为它激动民族的情感）。一个民族，若为环境所迫，因而对于自己国家的存在感觉深切的关怀及骄傲［如梅狄齐（Medici）的佛罗伦斯所表示的］时，会以真正的活力生活于它所从出的过去中的。以利萨伯时期可以产生戏剧，因为在伟大事业的进行中，它暂时失掉了那种虚假的区分（那把历史上的事情和当代的作为割断的区分），结果当然不是史学。智识在一方面进行得太远了，在主要方面又不够远。事实与神话的差别是成立了，但是什么是事实的问题尚未发生。所以想像和国家生存的感觉的接触产生了一种潮流，这潮流注入一种想像的艺术。戏剧虽然失掉了它的历史的趋向，但在一百年间它是英国最有力的艺术形式。

同类的接触激起了马可黎，也许激起了所有在十九世纪初期是那样活动的历史家。在一切拿破仑战争的骚扰及危难以后，国家生存的感觉到处尖锐化了。英国特别对她自己发生兴趣，那是一种比以利萨伯时代更为混乱的兴趣。工业的奴隶、新宪派及谷米律运动就足够阻止任何对于国家状况之太自信的骄傲。但至少他们是一种强烈地冲动的生活的表征，而且想像又杌陧不安了。这想像仍旧是需要人给它自己解释的想像，它是无指引、无形式的，——总之，那无教育的人物的想像。最初看来，给它所下的解释，比之给以利萨伯时代所下的，似乎是在种类上不同。它有一种史学者式的神气。历史方法的改革已开始，因此民族的精力，于艺术之外别有发泄的途径。马可黎的著作中，人物之肖妙的摹状，情节之动人的叙述，不是由于诗的天才，而是由于文献的研究把一个灵敏的、博辩的心燃着了。可是我们须注意：当一切这些差异被考虑以后，新力量的潮流到底走的是文学的路径。这有两种原因。一是文献的时代已经开始了，不管马可黎暂时生的影响是怎样大，史学界的自尊心使它一定要从通俗的工作退转。另一种原因是一种想像的艺术的新形式兴起了，这种艺术的形式特别适宜于表达朦胧的回顾的精神。这种精神每每随着灿烂的历史时代。这就是小说，那些想靠浪漫的表述以拯救历史研究的人也许不大记起这一种文艺的形式了。在马可黎着手写他的"历史"之前，斯各德把他的目的转向过去的重构及历史人物的新解释上（这种种的工作是由于历史原料的热情所引起的）。其他的人继承了他，他们除文献外还采用发掘的结果。但我们更须注意的是，小说除了可以自由（历史不能如此自由）把过去的事迹作最通俗的陈述外，还可以和民族的想像（在它关切现在一点上）接触。狄更斯、迭斯拉利（Disraeli）及达克莱各依所见，来解释祖国，观察及记录政治及社会的潮流，标示趋势及运动。现在这两种小说的功能仍旧保存他们的气魄和感动力。它们可以从梅瑞狄的工作一直被追溯到现在，威尔斯一流的作家用这种文学形式表达当时社会学的问题，莫利斯一流的作家则以它为媒介，使想像和生活，日常的习惯，和对于过去的观感接触，甚至靠它来给过去的大人物以生动的摹状。

与小说竞争不是历史的责任。马可黎所以不配为历史家的理由之一，是他因故意要和小说竞争而生的偏见。使历史家反对这种工作的不仅是它所表现的"修辞癖"；他们感觉着，在他们的新智识里，在他们对于文献证据的价值的新认识和处理它的能力上，他们自有一种活力的源泉，而无需求之于别的范围里。两方面各有他们的成功。马可黎成功一部分是因为他的文才无论如何可以控驭一切；一部分也因为学问仍然是少数人的特权，而历史对于众人所能有的意义只是才人所能给它的意义。谨严的史学家的成功是因为文献之大规模的新发现已足够给专门史学界以工作的气力。马可黎的成功是瞬息即逝的，他的后一辈人对他就很严厉，现在他几乎还不能恢复历史的地位。但一般成功的修辞家，几乎看不到，在自己的成功里并没有永久的性质。幸而他们还隐约觉得他走的路的危险，亚顿爵士的宣告发现他们已从硗瘠的专制主义转身。

他们似乎不大觉得感到另一种危险。这危险现在是很严重的。现代有一派思想，它否认过去的研究有什么真实性，它说历史现在不是一种科学，也不是一门学问，它只是一种心思的方法，几乎是教学的方法。持这一说的人逻辑地推演格林的见解，即以为这个或那个国王开战，这个或那个贵族谋变而倾覆——凡此等类事情，和人民的生活并无或很少关系。他们主张以前这件事或那件事发生，对我们现在的人民生活并无或很少关系。他们想：历史，即过去的记录，就差不多是一种无用的障碍。我们的时代必须自己解决自己的种种问题，虽然它有时从历史收集到一件有趣的事实，或一种激人的先例，但它的种种问题到底要根据当时当地的事实来解决。封建制度可以产生一些状况，"圈地案"可以产生另一些状况。但是最后那些状况的改革完全不靠它们的由来的事实，只靠当时所待处理的情形。史学的真价值——因为极端主义者还给留下一些价值——是在它训练我们的心智去估量证据，校衡断案和批评心的态度，也在它造成判断的能力。

这派的来源大半是政治的，但从智力方面也可以达到同样的见解，这从未来主义的运动可以看出，对于他们，历史是一种死的东西，并且把腐败传给有生命的东西。它把近代的种种价值改曲了，它把近代生活的色彩和意义取去，它误解过去，又拿误解的过去和现在对照，因而扭歪了艺术、劳工和社会。

对于这种意见的极端，史学自身要负大部分责。站在她的尊严（在这事实上，只是怯懦的别名）的地位，她划了一条严重的界线。这界线使人们相信她所载的不是事变，不是发展，也不是他们的时代的希望。由此可以很容易达到一种信仰，以为他们的时代不能从历史得到什么，除了一种心智的练习。历史很可以补救他们的错误。英国从来不轻易有革命，把史学变为思想方法，乃是一种思想革命，它有一七九三年臭味。

但这只是史家所能增益于最永久的活力的源泉（为其他任何一门学问所没有的）的工作之反面。那赋与生活的想像（一切好的历史工作所不少的）于这时出现，并不是由于民族生活中之暂时的、外表的刺激，也不是由于文学的冲动，却是由于一种永久的影响——对事变的普遍的认识，和对于社会状况的普遍的知闻。在莎士比亚的时代必须天才，在马可黎时代必须次于天才的文学技巧，方能使历史在民族的生活中占一重要的地位。所以然者，因为人民所凭藉以窥测历史的智识根基是很有限的。对于他们，历史只是一个故事，而且是一个有趣的故事。但是自从教育及贱价的报纸把时事置于每人的目前，一种日渐增长的政治见闻使社会状况的经验（历史知识必须以它为最后的依据）不再限于社会的一部分了。它散布于全体，史家现在可以从这全体里获得他的工作的兴感及滋益。

无怪乎修辞家对于这种见解发生惊讶。他会回答：一个立足点，那是好的；但史学要是仅与现代状况相关，这比之它从前仅与基督教的要旨相关有什么分别？它从前所受的贫瘠的影响岂不又要重现？我们首先要知道：以过去的一点为历史轴心和以现代情形为织成历史的经线，这其间有很大的差别。在后一事上，没有限定什么可以算是历史，没有对于任何问题的道德偏见。但是，更重要的，认清有广大的历史园地是为现代状况所开辟的，为现代生活所激起的想像所灌溉的，并非就是说，现代史一定是史家观点的中心或注重现代史为他的主要责任。这认识只是要辩明，历史所受最后的人为限制，一定要打破的。

有从亚顿的影响占了上风，史学的统一性比史学尊严更常被听到。但是如果基督教世界与古代世界之间的障隔应当打破，如果近代世界里这个国家与那个国家之间的障隔应当打破，那么我们的时代与某一时代（随意划出的）之间的障隔也不应当留存了。亚顿提出了一些格言，虽然他不是因那目的而提出，但这些格言可以减少这最后的障隔的打破的困难。他说"把人与物分开"，又说"与其研究时期不如研究问题"。任何人若要不受那把历史和现代分家的界线所拘束，这些话正可以作他的座右铭。他路上的大绊脚石是人，而不是物。问题至少还可以追溯，但是时期是没有形体或轮廓的。

分界线的废除不仅显明了最近的时期，这样完成的统一才是真正的统一。过去与现在将合而为一，正如现在将与过去合而为一。在历史的研究中想像不是静止的。它可以循自己的旧迹回转（大体上也实际回转），并把它的事实的库藏与近代状况发生关系。但是它可以把人领到无穷尽的研究的境域。一次动人的罢工所引起的历史兴趣（或别的异常的社会变动）也许只回溯到十八世纪末的工业状况，但也许回溯到罗马的奴隶制度或原始的乡村的规律。

于此，可以得到对修辞家关于历史研究的话的答复。他除掉承认对他所专门的科学要忠实外，不承认别有什么责任。历史的真正统一的创造，永不会是愚弄之事。可是还有一种责任，他若否认，便使他所专门的学问丧失生命。历史的范围之所以那样广，所以几乎包括一切，乃因为人们带着自己的生存问题而转向它。他们之能这样转向，必当首先被算作史家的功绩。他热诚地抓着文献证据的时期所展开在他面前的种种机会。受了哲学的训练，脱离了独断的神学的束缚，他给这些记录带来了一个平衡的也是有训练的，公开的也是充实的心智。他抱着满怀的智识站在这样一个时期的前面：在神学与自然科学的冲突中，在旧制度与只有教育而无机会的平民的冲突中，人们开始希望在史学方法中有一公式，以概括当时尚无定形的，却明明是极重要的事实。历史在今日所以几乎有控制全部智识的力量，是因为今日世界为确定本身的地位而起的一切探索和努力。如是一百年前的一个史家回转来估量他今日的继承者，他对于任何大的变化会不知如何下手（就发表的研究结果而论），除非他发现史学与其他种种科学间的分界是很难确定。到底那是否可以为历史乐观的，是一个尚待答复的问题。它可以有它的不安，因为它大体是一种彰明的怀疑主义的产物。宗教信仰成为史学的事实，因为宗教信仰已失去它的基础。伦理学及道德哲学成了史学的一部分，因为有人以为他们除了记录某种势力对于人类的一种影响外，更无所教说了。自然科学成为史学的一部分，是因为对玄学的空想的反抗，因为一种感觉：觉得生命的发展的过去诸阶段，有成为研究的题目的可能，虽然我们可以否认它未来的发展也有这样的可能。

历史研究的现在的地位是基于反抗与怀疑，那么较旧的、较狭义的史学研究有什么保证呢？可以危害它的反抗已经在那极端派里抬头了，他们把历史只当作方法的训练。以文笔的优美或时髦的、俏皮的言辞来对付这种主张是无用的。所需要的是一种连续性的认识，必须不再把历史和现代分离才能认识这种连续性。就一方面而论，历史是没有危险的。历史的学者是永远会有的。但是历史家在各时代都相信他的工作超越于其他一切学问，不独在人们的心中，并且在人们的事业上，有一地位。现在一般人对于世事的智识模糊混乱，却需要作政治的判断。他知道这些事情所涵蕴的意义（那是他的祖先所不知的），他每每感觉到受人督促，须要懂得一点历史的思考。可是同时历史家却告诉他说：他自己的困难和问题不是历史，须被放下，等到它成熟而变质，那时它才成为历史家的对象——照此看来，所谓"历史的思考"的意义能够是什么呢？

在各种思想的形态的影响下，历史家已经够聪明地去改变他对于史学智识范围和研究方法的观念。他现在更被要求去改变对于"历史应当有什么涵义"的观念。他可以，如果他愿意的话，保存他的冷静的理想。但他若这样做，便奄奄无生气。初学者在判断上的一串练习便是冷静到无以复加的，但它却是历史的死鬼。

论历史学之过去与未来*

　　史学应为科学欤，抑艺术欤？曰兼之。斯言也，多数绩学之专门史家闻之，必且嗤笑。然专门家之嗤笑，不尽足慑也。世人恒以文笔优雅，为述史之要技，专门家则否之。然历史之为艺术，固有超乎文笔优雅之上者矣。今以历史与小说较，所异者何在。夫人皆知在其所表现之境界一为虚，一为实也。然此异点，遂足摈历史于艺术范围之外矣乎？写神仙之图画，艺术也。写生写真，毫发毕肖之图画，亦艺术也。小说与历史之所同者，表现有感情、有生命、有神彩〔采〕之境界，此则艺术之事也。惟以历史所表现者为真境，故其资料必有待于科学的搜集与整理。然仅有资料，虽极精确，亦不成史。即更经科学的综合，亦不成史。何也？以感情、生命、神彩〔采〕，有待于直观的认取，与艺术的表现也。斯宾格勒之论文化也，谓为"若干潜伏之理想情感性质之表露、之实践。惟然，故非纯粹单简之智力所能识取其全体。智力者，仅能外立以判物而已。文化者，吾人视之，当如视一艺术品"（见本志第六十一期张荫麟译《斯宾格勒之文化论》）。夫岂惟文化，其他多数人类

＊原载《学衡》第 62 期，1928 年 3 月。

活动，亦莫不然。

要之，理想之历史，须具二条件：（一）正确充备之资料；（二）忠实之艺术的表现过去与现在之历史。能具此二条件否耶？如不然，将来之历史如何然后能具此二条件耶？艺术者，半存乎天才，非人力所能控制，以预期将来之如何如何。故兹略而不论，惟论资料。

（一）过去历史资料所受之限制何在？

（二）此等限制在将来有打破或减轻之可能否？若可，则

（三）如何控制将来之资料，以打破或减轻此等限制，使将来之历史渐臻于理想之域。

吾确信苟认识此诸问题之意义者，必深觉其于史学及人类知识之前途有綦重之关系。盖此等问题一解决，新方法见诸实行，则将来世界之历史记录，将来人类经验之库藏，必大改观。人类关于自身之知识，或因此而得无限之新资料与新观点，亦未可知也。此等功效自不能奏显于目前。然使人类而不必为明日计，使学术本身之前途而不须顾及，使真理之探求而不必穷可能之限度，则亦已矣。如其不尔，则举世以历史为专业之人，不可不急起而考虑此诸问题也。

此诸问题极其重要，本极简单明显。最可异者，自有历史迄今，对于第（一）问题，虽近世学者间有感及，然从未有加以详尽及统系的分析。至于第（二）、第（三）问题，则绝无提出者。岂不以史家之目光为过去所牢笼，遂并史学自身将来之命运亦无暇顾及耶？吾今为此论，非敢沾沾自喜，诚以此诸问题关系将来人类之历史智识者甚巨。而历史智识者几占人类知识全部之半，故不能指陈此诸问题之重要，以冀今后学者之注意。至吾今所能为者，仅发

凡起例而已。

一切具体的科学，按其研究对象之性质，可分为二类。其一为直接的科学。其所研究之现象，可直接实验或观察。而同样现象，可随意使之复现；或依自然之周期而复现，至百千万亿次而无所限。故其叙述推理及结论之所据，非某时代某人特定的观察，而为人人所能亲见之事实。此类科学，如物理、化学其最著者也。其二为间接的科学。其所研究之现象，一现旋灭，永不复返。吾人仅能从其所留之痕迹而推考之。此种痕迹，又分为二类。其一，本身即为过去之现象之一部分者。如地层、化石、古动物骸骨及古器物之类是也。其二，为某时某人对某现象直接或间接所得之印象，如史传、游记之类是也。专以前一类为研究对象者，如地质学、古生物学及考古学是也。其研究对象兼前后二类者，历史是也。从个人之印象，而推断事实之真际，其道何由乎？此则凡曾读西洋普通史学方法书者皆习闻之矣，曰由于多数独立坦白而能力充分之见证人之谐协。以非专门之语言之，今有一事，甲、乙、丙、丁等若干人同亲见之。彼等皆有明察此事之能力（例如耳目无疵、神经不错乱等），又无作伪欺人之意，又未尝互通消息，而其关于此事之报告有互相谐协之处。则其谐协之部分，可称为信史。此历史真理之根据，原则上虽不能与科学真理之根据立于同等巩固之地位，实际上尚为可靠之标准。虽然一部世界史，若逐事严格以此标准绳之，其得称为信史者恐不逾数十页也。其所以若此者，则以历史所由构成之印象，其质的方面及量的方面胥受种种限制，不能如理想所期也。此过去之事，后人所无可如何者也。（虽地下及地上常有新资料之发现，然其所能补之直漏，不过九牛之一毛耳。）虽然，未来之历史亦将不能逃此命运乎？吾人对于未来史事之印象，不能有预先之控制，以提高其质的方面，而增加其量的方面乎？更进而言之，过去种种限制，其皆出于天然，而非人力所能打破者乎？欲解决此问题宜先知过去史料所受之限制为何。

以吾浅陋之分析，此等限制有十五种，可别为两类。兹分论如次：

（甲）绝 对 之 限 制

所谓绝对之限制者，非谓限制之本身皆为绝对不可变者也；谓其在过去所生之结果，后人无法补救也。吾人于不良之资料，自可摈弃怀疑，然终无法改善其质也。吾人虽能发现历史之罅隙，然有补苴之希望者极少也。此类限制为数有十一。

（一）观察范围之限制。历史智识之来源厥为事实之观察。然人类之活动，有许多为活动者以外之人观察所不能及者。

（子）个人之活动自守秘密者。凡个人不可告人之事皆属此类。历史上不可告人之事而关系极重大者何限。试以近世史为例，袁世凯当东山再起之日，是否已早定欺劫孤儿寡妇之阴谋；当其宣誓就大总统职之时，是否已预作黄袍加身之计。此皆无人能证明或反证者也。

（丑）个人之活动无发表之机会者。关于此项今举一极有趣之例证。吴沃尧在其《二十年目睹之怪现状》中已引为笑谈者也。《左传》记晋灵公使鉏麑往刺赵盾。麑"晨往，寝门辟矣。盛服将朝，尚早，坐而假寐。麑退，叹而言曰：'不忘恭敬，民之主也。贼民之主不忠，弃君之命不信。有一于此，不如死也。'触槐而死"。试问此时赵盾假寐而未醒，钼麑入室而无觉，谁能得闻其将死时心中之自语乎？

（寅）多数人之活动自守秘密者。例如……两军对垒时军事之秘密及外交上秘盟秘约是也。

（卯）多数人之活动无发表之机会者。例如历代奸雄之杀其党徒或爪牙以灭口之类是也。

（二）观察人之限制。凡科学上之实验观测，必出于洞明学理、久经训练者之手。今有不通天文学之人，持管以望天，天文学家必不取其所见以为研究之资料也。今有不识鸟兽草木之理之人，摹状奇禽异花之构造及特征，生物学家必笑而置之也。不幸过去之史事，具正确观察之能力者，多不得观察之之机会。而得观察之者，却多为缺乏智识与训练之人。史家所得而根据之资料，大部分不啻寻常人持管之望天，乡愚对于奇禽异花之摹状也。关于史事有训练者之观察，与无训练者之观察之差异程度，可举一例以明之。

一九二〇年九月六日正午，纽约市华尔街突爆发一炸弹。此事之预谋者及其动机，至今犹未明也。《华尔街汇报》之编辑人，所居与爆发地密迩，闻讯立遣访员往查。其后彼又询问当场见证者九人。其中八人，皆谓当时该地车马甚多，或谓为数有十，有三人且坚确肯定，谓载炸弹者为一红色之摩托车。只有一退伍之军官谓炸弹实爆发于一货车以马引者，其车停于检冶局（The Assay Office）之门前，此外只见一摩托车停于货车之对面。此军官之言，其后证明为确实。该报编辑记此事毕，更附论曰：吾人须注意者，此军官实为有专门训练之见证人。因曾为军官，故习于炸弹爆发之真相，习于正确之观察。其余八人，对于当地车数之重要问题，莫不谬误。……彼八人之报告非其所见，乃其所推断；抑且非其所推断，乃其所猜度。……鄙人为报纸访事员者，已三十五年，世界几已历遍，搜集新闻，权衡证据，素所习为。以鄙人之经验观之，吾侪（报纸访事员）大抵皆不自觉之说谎者而已。（*Letter to the New York Times*，May 30，1924. 据一九二六年出版之 A. Johnson，*Historian and Historical Evidence* 一书，第二十四至二十五页所引。）

夫今日之报纸访事员如是，昔之记史证者又何如。

（三）观察地位之限制。吾人对于一事物之印象，每视乎吾人观察之地位而异。历史记载每因观察者地位之限制，而不得正确之印象。此种限制又分为二类。

（子）距离之限制。例如观察一战事，与其仅在后方听炮声之远近，觇军队之进退，不如更亲临战场，观交绥之情形。然古今战史资料之来源，其得自战场上者有几耶？

（丑）观点之限制。例如甲、乙同在战场观战，甲在堡中外阚，乙在高山上瞭望，则冲锋肉搏之状，甲所能瞭睹者，乙不能也。空中飞机追逐升坠之状，乙所能瞭睹者，甲不能也。是故有时必须比较在数观点之观察，然后能得一事实之真象。然一事实而有数观点之观察者，历史上盖罕觏也。

（四）观察时之情形之限制。观察时个人自身之情形及外界四周之情形，有足影响于其印象之正确者。

（子）个人自身之情形。个人之知觉作用及观察能力，每蔽于一时之感情，而失其正。《大学》所谓"身有所忿懥，则不得其正；有所恐惧，则不得其正；有所好乐，则不得其正；有所忧患，则不得其正。心不在焉，视而不见，听而不闻"者是也。败兵丧胆，则鹤唳风声，皆为敌号，远山草木，尽是敌兵。此其例也。

（丑）外界的影响。

（天）物界。例如阴霾漫天，则近景不辨。巨响震地，则语声不闻。又如颜色之感觉，受光度之影响。晚间光度若减，则红、蓝不辨，故苟有证人谓在黑暗中见一红帽而非蓝帽者，则法庭必不信其证据。

（地）社会。若有一种共通信仰或感情，流行于社会，个人受其影响，先入为主，则凡与此种信仰或感情之对象相疑似之物，辄易被认为真。《左传》所记郑人相惊以伯有之事，即其例也。通常所谓精神传染（Psychic Contagion），所谓心灵的导引（Mental induction），所谓群众心理（Psychology of the Crowd），皆所以解释此种事实之名词也。

（五）知觉能力之限制。假设观察之人，观察之地位及观察时之情形，皆合于理想矣，然犹未必能得理想之印象。何也？以吾人之感官（sense organ）原为不可靠之测量器也。构成历史之要素，厥为空间、时间、动作、景物（scene）。然感官于此四者所得之印象，其差忒之度，恒出人意表。谓余不信，试观近代心理学家实验之结果。

（子）空间。

（天）大小。昔牟斯特伯（Münsterberg）氏尝仿效天文学家

Foestrer 之试验，命一班学生，各言其所见满月之大小，与直臂所持在目前之何物相同。氏之报告曰：

> 吾所得之答案如下：一圆银币之四分一，中等大之甜香瓜，在地平线时如菜盘，当头时如果碟，吾身中之时计，直径六吋，一元银币，吾身中之时计之一百倍，人头，半圆币，直径九吋，葡萄子，车轮，牛油碟，橘子，十呎，二吋，一角币，教室中之时钟，豌豆，汤盘，自来水笔（似指直径），柠檬糕，手掌，直径三尺。此足见印象纷歧之可惊矣。更有足使读者骇讶者，诸答案中，其惟一正确者，厥为以月比豌豆之答案。（以上见 Hugo Munsterberg 所著 *On the Witness-Stand*，第二十七至二十八页）

（地）距离。恒人之估算远近，大抵以物象明晰之程度为准，鲜有兼计及光度之强弱者。是故遇有烟雾，则近前之物模糊，而人觉其巨且远。天朗气清，则远处物体明晰显豁，人觉其小而近。

（丑）时间。时间知觉之谲幻，尤为昭著。据心理学家之研究，吾人不觉时间之分点，但觉时间之范围及延续。换言之，即吾人于一时间，但觉其起讫之界限也。对于一时间之觉认，与在此时间所作事之兴趣及注意成正比例。是故同一长度之时间，若当旅行艰苦之途程，则觉其酷长；若当聚精会神于动人之戏剧，则觉其飞速。此凡人所有之经验也。然有可异者，在回想中，则悠久而厌苦之期间，反觉其短；欢乐之瞬息，反觉其长。此表似矛盾之现象，可解释如下：吾人追想过去之时间，其长短之感觉，视乎此时间之内容（所历情节）存于记忆中者之多寡而殊。愉快之时间，其情节繁多；厌倦之时间，其情节单调，其在记忆中之遗痕浅而少。

复次，吾人对于事物之知觉（Perception）有一特点，即所觉者，非事物之种种属性。而为事物之全体。故知觉之定义，为感觉置在意识前之特殊实物（Consciousness of particular material things present to the sense）。今夫椅，有其种种特异之属性及部分，如椅柄也，椅脚也，靠背也，椅身也，然吾人非先见椅柄、椅身、椅脚、靠背各部分，然后合之而成一椅也。吾人张目看椅，即见其全体。夫此时感觉神经之受刺激者，自有多数。然吾人所见，却为一结合体，何为能如是耶？则以知觉之历程，乃以先前之经验代表新事物于意识中也。藉前此之识觉，已得知椅之性质，已造成习惯的反应。故不待分析各部，而即见其全体也。是故在大多数情形之下，知觉者实为粗略之重现的历程（Reproductive Process），过去之知觉与当前之知觉揉合为一体，而将新者改易范畴，使与过去符同。此心理学家之恒言也。吾尝有譬焉，知觉者，非逐物摄影，乃先搜集无数物像，然后对像认物也。若有与旧像大致无差者，则易被认为同物而不细辨。若有一种新事物，其像为旧所无，或不经见者，则或知其无，而为摄新像，或不知而以不同之旧像冒混之。此种对像认物之步骤，其正确之程度，视乎下列三者而殊。（1）预期，即已有先入为主之成见。如第（三）目（子）项及第（三）目（丑）项（地）条所举者是也。（2）速度。（3）对象之复杂程度。关于后二者，兹按动作与景物分论之。

（寅）动作。同一人观察一连续之动作（假定只能有一次之观察者），其所得印象之正确程度，与动作之速度及复杂程度成反比例。故稍为速而繁之动作，虽经训练之观察者亦无如之何。兹举一例如下：

> 昔在葛廷根（Göttingen）开心理学会议时，曾举行一极有趣之试验。受试者皆有训练之观察者也。离议堂（会议所在）不远，方举行一公共宴飨，并有化装（戴面具）跳舞。猝然议堂之门被冲而开，一村夫奔入，又一黑人追之，手持短铳，二人止于堂中而斗。村夫仆，黑人跃跨其上，发铳，然后二人俱奔而出。此事始末，历时不及二十秒。
>
> 主席立请在场之人，各作一报告，云将以为法庭审判之佐证。缴报告者四十人。仅就主要之事实而论，其错误少于百分之二十者仅一人，百分之二十至四十者十四人，百分之四十至五十者十二人，百分之五十以上者十三人。复次，有二十四报告，其中细节百分之十纯出虚构，其虚构在百分之十以上者有十报告，在百分之十以下者有六。约言之，报告之四分一出于虚构。（以上见 Walter Lippman 所著 *Public Opinion* 一书，第八十二至八十三页，该书一九二二年出版）

夫以（一）有训练之观察者，（二）作负责之报告，（三）叙方现于其眼前之事，而结果如此，则不具此诸条件者，更当何如耶？言语亦为动作之一，旁听者所受之限制，亦适用上述之定律。故马丁·路德在瓦尔姆会议（the Diet of Worms）中所言为何，至今犹为聚讼不决之问题也。

（卯）景物。上节言动体之观察，此节言静体之观察。静体观察正确程度，与所观察物之复杂程度成反比例，与观察时间之长度成正比例。静体之观察视动体之观察有一优点焉。动作之速度（就历史事实而论）绝非吾人所能控制，而观察时间之长短，有时为吾人所能控制者。静体又分为二类：一为固定者，一为不固定者。前者如山川之形势，后者如战争中防御之布置。前者视后者有一利，前者可容许无数次之观察及覆勘，此类之观察之谬误（如实物尚存于今者）当属于相对的限制（详后）之范围。后者则或仅容许一次之观察，如动体然；且也，物体之过小及过大，皆足影响观察（当然仅指肉体之观察）之正确。以极微小之物体之为研究对象者，在自然科学中多不胜数，惟史学上则罕觏，兹可不论。因观察体之过大而影响观察之正确，其在历史上最著之例，如中国之河源问题是也。古传说谓："河出昆仑，其高二千五百余里。日月所相避隐为光明也，其上有醴泉瑶池。"（《史记·大宛传》引《禹本纪》）此说荒诞固矣。自张骞使大夏，穷河源，谓"河有二源，一出葱岭山，一出于阗。于阗在南山下，其河北流与葱岭河合，东注蒲昌海。（中略）潜行地下，南出于积石，为中国河"云。其摧扫旧日神话，固为地理学智识之进步，然张骞之观察，较以今日地理学智识，实全属谬误也。

（六）记忆之限制。截至上文止，已略陈史事观察所受之限制。假设无此等限制，而能得理想之印象矣。然经若干时后，则此印象渐漫漶而模糊，或与他印象相搀合而混淆。是故科学之记录必随观察时为之，绝无依赖记忆者，惟过去历史之记录则不然，此其故有三：

（子）未有文字以前之传说，必待文字发明以后始能见于记录。

（丑）延长之动作，须继续注意者，吾人不能将其截断为若干部分，不能先观察记录毕一部分，然后及其他。因史事完全非观察者所能控制也，是故有时必待事毕然后能记录。此事所历之时愈长，则所需于记忆者愈多。

以上二类皆不可免者也。

（寅）亦有可免而不免者。自来有观察史事之机会之人，当其观察之时，而已预存作正确记录之心者鲜矣。预存此心，而知事后立即记录之重要而实行之者，则更鲜矣。大多数记录之产生，皆由于久后兴趣之感动及实际之需要。史料中之起居注及日记，可谓去观察时最近之记录矣，然试翻乙部之目，此二类所占之部分不过太仓之一粟，余则大抵记录于事后数年、数十年甚至数百年者也。

历史所需于记忆者既若是矣。而记忆之可靠程度为何等耶？兹举一例以明之。约翰·亚丹斯（John Adams）者，曾参与起草美国独立宣言书之人也，其事在一七七六年六月。其后四十七年，亚丹年已八十八，追记其事，既叙国会委派独立委员会之经过毕，续曰：

委员会聚集数次。有人提议发表宣言，委员会乃派哲福森（Jefferson）先生与余负草创修饰之责。

此专任之委员分会遂聚集。哲福森提议命予属草。予曰：予不为此。彼曰：君当为此。予曰：噫，不能。彼又曰：君胡不为？君当为之。予曰：予不为。彼曰：何故？予曰：理由多矣。曰：理由何在？予曰：理由一，君为勿吉尼亚省人，此事当使勿吉尼亚人居首。理由二，予生平冒犯人多，为世所疑，且不理于众口，而君则反是。理由三，君文之佳，十倍于予。
哲福森曰：有是哉？君意若决，予当尽其所能。予曰：甚善，
待君草创就，吾等将再会。

越一二日，哲福森复晤予，出其草稿见示。予当时有无献
议或修改，今已不忆。此文交付独立委员会（由五人组成）审
查，有无更易，吾亦已遗忘。惟其后报告于国会，经严格之批
评，又删去词令最巧之数段，卒见采用。以一七七六年七月公
布于世。（以上见 *The Life and Works of John Adams*，卷二，第
五一二至五一四页）

哲福森记此事则大异，谓亚丹斯之记忆，使其陷于铁案如山之
谬误。哲福森致友人书之言曰：

五人委员会聚集，并无设专任委员分会之议，惟全会一致
促予一人独任宣言之草创。予允之，予乃属稿。惟在交付委员
会之前，予曾将文稿分示富兰克林博士及亚丹斯先生，请其斧
正。……宣言之原稿，君已见之矣。其中行间有富兰克林博士
及亚丹斯先生之改削，皆出彼等手笔。彼等所改易，只有两三
处，而皆文词上之修饰耳。予当时乃重钞一清稿，以付委员
会。委员会毫不加改，以付国会。（以上见 *Writings of Thomus
Jefferson*，一八六九年刊本，卷七，第三〇四页）

然哲福森之记忆亦未尝无误。宣言原稿今犹在，其中改削确不
止二三处，而亦不尽出富兰克林、亚丹斯二人手笔也。（参阅

Becker 所著 *The Declaration of Independence*，第一三六至一四一页）

（七）记录工具之限制。假设得理想之印象，而又不受记忆之限制矣，然此印象须翻译成具体的记录，然后能传达于他人。此翻译步骤之正确程度亦受限制。记录之工具可分为二：一图象，二语言文字。图象（指历史画之类）在史料上占极少数，兹略而不论。语言文字对于述史之限制有三。

（子）使用语言文字之能力因人而殊。即惯于操翰之人，亦每有词不达意之感。词不达意之结果有二：（一）因无词以发表，遂使印象消灭；（二）因用字不当，使人误会。后者尤为重要。因史家所用言词，与寻常日用者同，非如专门术语各有明确之定义也。虽极精于文字学之人，其用字亦难悉符字典上之公认标准。况有直接观察之机会而欲为记录之人，固未必精通文字也。寻常一字，其在各人心中所代表之对象，每或差歧甚大。此等试验，中国心理学家尚未闻有举行之者。兹姑引一外国文之例如下。（见 Walter Lippmann 所著 *Public Opinion*，第六八至六九页）

一九二〇年在美国东部曾举行一字义试验。受试者为一群大学生。举 alien（异邦人）一字，令各人下一定义。其结果如下：

　　　与本邦为仇之人　　　与政府作对之人　　　立于对方之人
　　　属于与本邦无友谊之国之国民　　　战时之外国人　　　外国人之谋害其本国者
　　　来自外国之敌人　　　与一国家作对之人

读者须注意：（一）alien 为极常见之字，且在法律上有极确定之意义；（二）受试者为大学生。结果犹如此也。

（丑）在文言不合一之国，载笔之士为求雅驯起见，必将历史人物之口语译成文言。修饰愈工，去真愈远。试翻二十四史及两通鉴，古人之言谈应对，其不遭此劫者有几？昔刘子元亦尝痛慨之矣。曰：

> 《史通》卷十六《言语篇》：后来作者通无远识，记其当世之语，罕能从实。而书文复追效昔人，示其稽古。是以好丘明，则偏模《左传》；爱子长，则全学史公。用使周秦言词，见于魏晋之代。楚汉应对，行乎宋齐之日。而为修混沌，失彼天然。今古以之不纯，真伪由其相乱。故裴少期讥孙盛录曹公平素之语，而全作夫差亡灭之词。虽言以春秋，而事殊乖越者矣。

（寅）异国文字互译。无论译者忠实及正确之情度如何，终不能使二者如一。故若（1）以甲邦人用甲邦之文字述乙邦之事，遇记言及迻载历史文件时，辄易失真。若此事实及文件在乙邦全无载录，则其失更无从纠正。二十四史中之蛮夷列传多有此例。或（2）一国之文籍原本已失，只有异邦译本，则其内容之正确程度有减。佛典中此例最多。

（八）观察者之道德。以上论史事之观察及记录，皆假定观察者为忠诚正直，决无虚匿欺人之心。又立志求真，绝不肯点窜装饰，以期悦听者也。然自来史家，具此等美德者有几耶？关于虚饰之动机及方法，西方论史法之书多有详细之分析，本文不必赘及，惟论其影响有三：

（子）史迹因隐匿而消灭。

（丑）因改窜而事实之次序关系及轻重皆失其真。

（寅）因虚造而无中生有。后者若能知其伪，则于史无伤。惟前二者所生之损失，有时无法可偿也。

（九）证据数量之限制。因观察者所受种种限制，故一人之孤证，虽为直接观察之结果，史家决不据为定论，而必求多数独立证据（直接观察之结果）之符同。证据愈多则愈善。虽然，一史迹而有多数独立直接之证据者实不多觏，甚或孤证仅存。此其故有三。

（子）有观察一史迹之机会者，未必为多数人。例如帝王之顾命，勇士之探险，亲见者必属少数。又如《史记·留侯传》载张良与圯下老人之事若信，则除张良及老人外无人能知。

（丑）有观察一史迹之机会者，未必各作记录。例如随郑和下西洋者二万七千八百余人（《明史·郑和传》），而记其经历者（以吾所知）只有马欢之《瀛涯胜览》、费信之《星槎胜览》及巩珍之《西洋番国志》（此书见钱曾《读书敏求记》，无刊本，今存否尚未可知）耳。甚或仅有一种记录者，例如历朝之起居注是也。

（寅）同一史事之多数记录，经时间之淘汰，或人为之摧残，遂仅余少数，或惟存孤证。例如记宋南渡事者，《三朝北盟会编》所引之书无虑百数十种，而今存者几何？又如岳飞为中国史上最彪炳之人物，而记其事之书今惟存《金陀粹编》。

（十）传讹。一人之见闻经历未必亲为记录，记录亦未必尽。其未经记录之事，他人得知，惟藉口传。时或原记录已失，而只存他人之重述。无论口传与笔述，每经一辗转，即多受一重知觉之限制，记忆之限制，应用工具能力之限制，传述者之道德之限制。辗转愈多，则印象愈变而失其真。此外尚有传钞、传刻之讹，更无待举。

初民之传说及流俗之口碑，夫人皆知不可据矣；而不知虽近代极简单之事实，记录去传述之时甚近，传述者与所传述之对象关系极密切，且传述者为绩学之士大夫，又毫无作伪欺人之意，其谬误犹或足使人惊骇。例如苏玄瑛为清末民国初南方文坛上最惹人注目之人物。玄瑛既卒，其十余年深交之挚友柳弃疾为作小传。寥寥四百余言，于重要事实，宜若可无大刺谬矣。然试观柳氏后来自讼之言：

柳弃疾《苏曼殊年谱·后序》（见柳无忌编《苏曼殊年谱及其他》，第三十五至三十七页）：曼殊既殁，余为最录其遗事，成《苏玄瑛传》一首，顾疏略殊甚。于曼殊卒年三十有五，竟不及详考，复误没于广慈医院为宝隆医院。……于曼殊少年事……第就闻于曼殊故友台山马小进君者述之。……嗣检旧箧，得日本僧飞锡所撰《潮音跋》。盖曼殊手写见畀者……宜可征信，因取校余传，则抵牾万状。试比而论之。传文称："曼殊祝发广州雷峰寺，本师慧龙长老奇其才，试受以学，不数年尽通梵汉暨欧罗巴诸国典籍。"而《潮音跋》则言："年十二，从慧龙寺主持赞初大师披鬄于广州长寿寺。旋……诣雷峰海云寺，具足三坛大戒。……"是则曼殊祝发之地为长寿而非雷峰，本师为赞初大师而非慧龙长老，传文之误一也。且具足三坛大戒之所在雷峰海云寺，雷峰乃地名而非寺名，而赞初大师称慧龙寺主持，慧龙又寺名而非人名，传文之误二也。《跋》言曼殊从西班牙庄湘处士治欧洲词学，后至扶南，随乔悉磨长老究心梵章，其求学渊源如此，初无本师传授之说，传文之误三也。又传称周游欧罗巴、美利坚诸境，而《跋》（中）……历数游踪……均不出亚洲以外，即晚年与友人书所谓"当欧洲大乱平定之后，吾尝振锡西巡，一吊拜轮之墓"者，亦终未成事实，是传文之误四也。

夫使柳氏不检旧箧，或《潮音跋》已饱蟫蠹，将谁疑此小传中有如此之四大谬误耶？

（十一）亡佚。假设人类之历史为三百页之一册，则有记录之部分，只占最末之五十余页而已，而此五十余页又残阙不全，一页或仅存数字，或仅存数行，东缺一角，西穿一穴，而每页皆有无数之蠹痕。残缺之因，除受观察、记忆、工具及传讹之限制外，厥有三事：

（子）史迹之失载。不必言未有文字以前之史事，不必言先秦三代之史事，即就民国开国之史而论，当时硕彦，今尚多存。问有几人曾举其见闻经历为详悉之记录耶？有欲记录而无记录之自由者，如专制时代之惧犯忌讳（今日亦正如此），又如今日报纸之受政府检查是也。亦有载矣而经后人之故意毁灭者，如清初《东华录》之删改是也。

（丑）古籍、古器物之散亡。此其为例，举不胜举。如春秋、战国间之百三十年，为我国历史上变迁最剧之时代，而文献全无足征。顾炎武已尝痛慨之矣。如张骞通西域，我国历史上一大事也。

《隋书·经籍志》有《张骞出关志》一种，而今亡矣。试取诸史之艺文志一比对，则凡有书癖者孰不痛心也。至论器物，远如楚子所问之鼎，近如宋人所著录之数百种古彝，今皆何在。

书、器之散亡，由于时间之淘汰者少，由于人为之摧毁者多。昔隋牛弘论图书有五厄。

《隋书》卷四十九《牛弘传》（节录）：秦皇焚书，一厄也。王莽之末，长安兵起，宫室图书（文、景、武、成之所搜求，刘向父子之所校录者）并从焚烬，二厄也。孝、献移都，吏民扰乱，图书缣帛皆取为帷囊，所收而西，载七十余乘，属西境大乱，一时燔荡，此三厄也。魏晋中秘书鸠集已多，属刘石凭陵，京华覆灭，朝章阙典，从而失坠，此四厄也。衣冠轨物，图书记注，播迁之余，皆归江左。及侯景灭梁，秘省经籍虽从兵火，其文德殿内书宛然。萧绎平侯景，文德之书及公私典籍重本七万余卷，悉送荆州。江表图书尽萃于此矣。及周师入郢，绎悉焚之于外城，所收十才一二，此书之五厄也。

清潘祖荫论古器有六厄。

潘祖荫《攀古楼彝器款识·自序》：古器自周秦至今凡有六厄。《史记》曰，始皇铸天下兵器为金人。兵者，弋戟之属；器者，鼎彝之属。秦政意在尽收天下之铜，必尽括诸器可知，此一厄也。《后汉书》曰，董卓更铸小钱，悉取洛阳及长安钟簴、飞廉铜马之属以充铸焉，此二厄也。《隋书》，开皇九年四月，毁平陈所得秦汉三大钟，越三大鼓。十一年正月，以平陈所得古物多祸变，命悉毁之，此三厄也。《五代会要》，周显德二年九月，敕两京诸道州府铜像器物诸色，限五十日内并须毁废送官，此四厄也。《大金国志》，海陵正隆三年，诏毁平辽宋所得古器，此五厄也。《宋史》，绍兴六年，敛民间铜器。二十八年，出御府铜器千五百余事付泉司，此六厄也。

凡关心文献之人，读此孰能不掩卷而太息。然潘氏不过就所闻杂举，抑何能尽。（例如《烈皇小识》卷六，记明思宗将内库历朝诸铜器尽发宝源局铸钱。据《燕京学报》一卷一期容庚《殷周礼乐器考略》文末所引。）至牛弘所举之厄，则自隋以后，何代蔑有。虽秦政之行，于史无偶。然若孟子所言，战国"诸侯恶其害已也，而皆去其籍"，若清代乾隆朝之焚毁禁书与违碍书，其去秦政之行一间尔。以上皆论全部之亡佚者也。亦有小部分之亡佚，如古籍之佚篇脱简，夺句缺字。又如清乾隆时修库书，于宋明人之著作，或抽毁其章节，或削改其违碍字眼，皆是也。

（寅）亦有形式虽存，而内容已湮晦者。此在古史为例最多。此项又有三类。（1）古文字之不可识者，如罗振玉《殷契待问编》所录是也。以后人之努力，虽或当续有所发明，然孰能决其必尽有涣然冰释之一日乎？（2）字虽可认，而文句不能索解者，例如《尚书》、《墨经》及《楚辞·天问》中之有须阙疑者是也。（3）句读之不明者，例如《老子》首章"无名天地之始，有名万物之母"。或谓当于二"名"字下作读，或谓当于二"无"字下作读。又如《庄子·天下篇》："旧世法传之史尚多有之。"或谓当于"史"字下作读，或谓当于上"之"字下作读。谁能起老聃、庄周于地下而问之耶？

（乙）相对之限制

绝对之限制，使吾人对于史迹不能得理想之记录。相对之限制，使既得之记录复失其本来面目，或不得其真正之意义与价值。然相对之限制可因史学及科学之进步而逐渐减少，此种限制可别为四类：

（一）缘绝对之限制而生之谬误未经发觉者。此等谬误，上文多已举例论列，兹不复赘。在过去之历史中，此等错误恒经长久之时间，始能发见。在未发见之前，人皆信以为真。以今之视昔，而推后之视今，安知现在所认为正确真实者，其中无伪谬之处，而有待于将来之发现？以下各类之谬误，亦同此理。

（二）伪书及伪器之未经发觉者。例如梅赜之伪《古文尚书》，我国学界受其欺者千三百余年，至梅鷟、阎若璩辈始发其覆。如《岣嵝碑》，旧以为夏禹遗迹，今日则稍闻金石学者皆知其伪。

缘以上二种限制而生之谬误，史家与史料之作者各负一半责任。因史家若能知其虚谬，则不致受其欺也。以下二种谬误，则全由史家负责。

（三）史料本不误，因史家判断之不精密而致误（或史料固误，因而加误）而未经发觉者。此类范围极广，自史料之搜集，外证、内证（External and Internal Criticism）事实之断定，以及叙次表述上之种种步骤，皆有致误之可能。详细论列，不属本文范围，兹仅举二例如下：

（子）旧日中国学者以指南车与指南针混为一谈。日本山野博士证明指南车全为机械之构造，与磁针无关，其说甚是。然山野遂谓"指南车既为后汉之张衡及三国时代之马钧所创造，则（此字疑衍）斯时代之中国人仅知磁石有引铁之力而已，彼等何能应用（磁石之）指极性以造指南车乎？即使（当作假使）能应用，则后汉、三国、两晋、南北朝、隋唐时代之记录中，除记磁石之引铁外，当然非论及其特征（指极性）不可，而何以必于宋时记录中始论及其指极性（见《梦溪笔谈》），并指极性之应用（见《萍洲可谈》）乎？是则宋朝以前之中国人，决不知磁石有指极性也。"（以上见《科学》杂志第九卷第四期四〇五页，文圣举译文）此言固似言之成理，吾人若不能发现宋以前有关于磁之指极性之记载，亦无以折其说。然予按王充《论衡·是应篇》有云："司南之杓，投之于地，其抵南指。"此寥寥十二字，已将山野博士之说根本推翻，而证明其判断实差一千余年。夫《梦溪笔谈》及《萍洲可谈》关于磁针之记载，及宋以前诸史籍中关于指南车及磁石之记载，未尝误也。山野因搜集证据未尽，而遽用默证（argument from silence），遂铸大错矣。

（丑）此言事实之误也，亦有事实不误而因果关系误者。例如汉武帝表彰六经，罢黜百家，此事实也。西汉以后，诸子学说衰微，此亦事实也。然若谓后者之因，全在前者，则成一问题矣。

（四）事实之解释。史家之解释历史现象，必以其时代所公认或其个人所信仰之真理为标准。而人类之智识，与时代俱进化。后世所证明为谬者，先时或曾认为真理，而史家莫能逃此限制也。是故某时代信天变为人事之感应，则史家言地震与君德有关。某时代信鬼神为疾病之源，则史家采二竖人膏肓之说。又如元时西人不知有煤炭，故《马哥孛罗游记》谓北京人采一种黑色之巨石为薪。明时中国人不知光之速度与声之速度之差，故《南中纪闻》谓"西洋鸟铳能初发无声，着人体方发响。"

以上论过去历史所受之限制竟。

近世科学之昌明，远迈前古矣。然近世及当今史事之记录，其有以愈于昔者几何？其能打破上述种种限制者至何程度？尚有何未尽之可能性？此皆吾人所当发之问题也。

以近百年科学及史学研究之发达，相对的限制日渐减轻，且可断言将来之减轻与努力之人数及分工之精密成正比例。

就绝对之限制而论，近今之历史，亦稍优于前世。以教育之发达，以印刷术之盛行，以出书费之比较低廉，故文字史料之量大增。以印本之多，流通之便，及图书馆博物馆之兴，故史料之保存易。此近世之优点一也。

史事可分为二类：一为动的事实，如革命战争等是也；一为静的事实，如政治制度及风俗、习惯等是也。后者为社会科学研究之对象。以今世社会科学之发达及其分工之精细，近世史之静的事实，得更详细、更有统系而更正确之描写。此近世之优点二也。

又近世有一种新史料，为古人所未能梦见者，厥为报纸。（中国在唐代已有朝报，然其性质不能与近日报纸比。）此种史料之重要，西方史家已深切感及，惟今日中国史家尚鲜注意之。五年前美国露西女士（Lucy Maynard Salmon）刊行《新闻纸与权威》（*The Newspaper and Authority*）及《新闻纸与史家》（*The Newspaper and* the Historian）二巨书（均纽约之牛津大学出版部美国支部出版）。据《美国史学报》（*The American Historical Review*）之评论，前书论国家及社会对于报纸自由之限制，后书言整理新闻纸上史料之方法，皆与本段所论有深切之关系。以予之固陋，恨至今未得读其书，详细之论列，须俟异日另为一文。今仅述个人粗略之分析。

自报纸发明以后，史事记录之优于前者，略有三焉。旧日史事之有记录，大抵为偶然之事，非如在报纸制度之下，有专负观察调查及有统系之记录之责者也。有之，惟中国上世所谓左史记言，右史记动，及后世起居注官。然其所及范围，远不如报纸之广也。此报纸之优点一也。报纸所载，以新为尚，消息灵通，为竞争标准之一。故访员观察一事实，或闻知一消息，必于可能之最短时间内，叙述传播之，绝无隔数月、数年以至数十年者，以是其所受记忆之限制较轻。此报纸之优点二也。报纸所记载之范围，视旧日所认为历史之范围为广。一般社会之情形，旧史所以为无足轻重而略去者，报纸所不遗弃。报纸实为社会之起居注。此报纸之优点三也。

然则报纸遂为理想之历史记录（所谓历史记录与历史著作殊）矣乎？曰：其差犹不可以道里计也。报纸记录之来源，厥为报馆及通讯社之访员，其删定者则为各馆社之编辑。就大多数而论，彼等于真理之探求，皆非有特殊兴趣也。今试执一访员或编辑而问之曰：君何故为访员或报馆编辑？吾知其答案当不为欲使人类之活动得科学的记录也。虽调查翔实为其职业之条件，然非其惟一而绝对之条件也。在不影响于其职业之范围内，鲜有能为真理而努力者也。以求真为目的与以求真为手段，二者终有一间之差耳。此其弊一也。且访员大多数无专门观察之训练。上引纽约《华尔街汇报》

某编辑之言，谓以其三十五年访事之经验，而知彼等大抵皆不自觉之说谎者。细思此言，谁敢以求真之责付托于今之报纸访员乎？此其弊二也。又彼等因人数之分配及时间、地位、精力之限制，其消息之来源，大部分恃间接之访问，或个人、政治机关及团体之报告。其得自直接观察者，只占极微少之数量。此其弊三也。访员之访事及作记录，贵乎速捷，速则无暇细思复审。此其弊四也。为电报之省费，则叙述不能不省略，有时省略过甚，或不得其法，则事实之关系不明。至如演说谈话一经节缩，辄易失真。此其弊五也。访员既不可恃如此，而通讯社及报馆为经济所限，又决不能派多数访员同往观察一事，以求多数独立证据之符合。此其弊六也。因稿件之需求，通讯社及报馆恒采外来之投稿，不加复证，辄为刊布。此其弊七也。访员有访员之偏见及特殊之目的，通讯社有通讯社之偏见及特殊之目的（试以路透社及东方通讯社关于中国之通讯为例），报馆有报馆之偏见及特殊之目的，事实经此三道关头，而能不失其真者鲜矣，至凭空捏造更无论也。此其弊八也。报纸恒受政治势力之支配，其与政府之利益冲突时，则受政府之禁制（如检查新闻），其与政府妥协时，则供政府之利用（如欧战时参战各国之报纸）。此其弊九也。由是观之，则报纸非理想之历史记录明矣。

假设治天文学者仅研究古代观测之记录，而不思用科学方法观察记录现在天体之运行，试问天文学智识之本质，能有进步乎？不幸今日之历史学正有类于是。举世之史学家及史学家团体，日日殚精竭智以搜寻过去人类活动遗迹，偶有半铢寸缕之发现，偶能补苴一微罅小隙，辄以为莫大之庆幸。夫此固无可菲薄，然所可异者，独无个人或团体，以现在人类活动之任何部分之科学的记录为己任，而一听其随命运之支配，时间之淘汰，以待后来史家于零编断简中搜索其残痕。真理所受之牺牲，有大于此者耶？

往者不可谏，来者犹可追。欲求将来之历史成为科学，欲使将来之人类得理想的史学智识，则必须从现在起，产生真正之"现代史家"或"历史访员"，各依科学方法观察记录现在人类活动之一部分。此等历史访员，更须组织学术团体，以相协助，并谋现代史料之保存。

历史访员制之实行，必有待社会之同情与赞助。关于此种制度在现代社会上所将遭遇之阻碍及破除此阻碍之方法，予尚无具体意见，抑且恐非待实验后不能确知。复次，此历史访员当与现在之新闻访员分立欤？抑当提高现在之新闻访员，使成为历史访员乎？此又为一问题矣。

所谓用科学方法观察记录当代人类活动者，其目的即求减轻过去历史记录所曾受之绝对限制而已。此诸限制除观察范围之限制外，几无一不可减轻者。兹针对上述诸绝对限制，于未来科学的观察与记录之法则，发其凡如次：

（一）有意遗传于后（consciously transmitted）之史料，其来源有二：一为历史人物之自述，二为见证人之记录。欲求见证人之记录之进步，须实行予上所称之历史访员制。欲求历史人物之自述之进步，须使历史教育普及，使忠信于后世成为公共之意识，使人人皆感觉有以信史传后之责任。至自述与察访相同之点，当然适用察访之法则，以下即略述此法则。

（二）历史访员须有精细之分工，各于其所负观察责任之部分，须有专门之训练。

（三）于同一事象，须有多数（愈多愈善）之访员，各为独立之观察。

（四）须有多数人作同一观点之观察，更须有多数人作不同观点之观察。

（五）关于时间、空间之测度，实物及自然环境之考验，须尽量利用科学原理及科学仪器。

（六）静物之观测，宜有充分之长时间，及充分之复勘。

（七）观察所得，须于可能之最近时间内记录之。

（八）观察者对于文字语言之应用，须有充分之能力。

（九）历史人物之语言，须力存其真。

（十）观察者当观察之前，于一己之心理方面及道德方面须有相当之省察。

（十一）观察者于其观察之记录，须与社会同负广播及保存之责任。

吾所希望于历史记录之将来者如是。其事项之简单，其义理之明显，几无待言。然以是世遂无言之者，吾不能避其浅显而不言也。务实际及讲实利之人，必且以此所言为梦呓。是梦乎？亦欲世人知有此梦，知此梦非无实现之可能，而求实现之，则于现世无丝毫之损，于将来有莫大之利而已耳。

关于"历史学家的当前责任"*

　　上星期日本报正张载有万福曾一文,题如右所括引。万君读了吴晗君之本年度清华入学试验历史答案的统计,因而致慨于国内中学生的国史知识之劣下;更因而致憾于一般史学专家,"每喜高深,耻言平易,如训练学生之方法,改良课本之编辑,悉之诿之学力较浅、素养未深之中等人才"。我们对于万君的意向深表同情,并且感谢他把这个重要的问题很痛快地重新提出。

　　我们觉得,学生们国史智识之低,良好的国史课本之缺乏要负很重大的责任。光拿中学来说罢,要使全国的中学都得到理想的历史教师,那是绝对不可能的,无论教育进步到什么程度;但创造一部近于理想的历史课本,供全国的中学采用却比较的容易。而且有了引人入胜的课本,即使没有很好的教师,大部分学生也容易得益。但若没有好的课本,便是很好的中小学教师,也要感觉巧妇在无米作炊时所感觉的困难。

　　故此,我们认为改良历史课本乃改良历史教育的先决问题。

　　但是,改良历史课本的责任却不能完全放在历史学专家的肩

---

* 原载《大公报·史地周刊》第 2 期,1934 年 9 月 28 日,署名"素痴"。

上。万君似乎以为改良课本的工作（我们所谓改良，并不是就原在的加以修改；我们所需要的简直是重起炉灶的创作），对于历史学家，是比专深的探讨为容易，而他们之未曾从事于此，是耻易希难、避轻就重。依我们看来，却适得其反。大多数历史学家之不从事课本的编撰者是不能也，非不为也。

很明显的，这种工作不仅需要历史智识，并且需要通俗（就其是对于青年的通俗）的文章技巧。而这两种造诣的结合，从来是不多见的。同样明显的，这种工作不仅需要局部的专精，而且需要全部之广涉而深入，需要特殊的别裁和组织的能力。譬如，编撰国史课本的先决问题：什么是人人应知的国史常识？这其间所涉及的标准，就只有具上说那种资格的国史家才配去规定。浅人所谓常识只是自划的偏蔽。而具有那种资格的史家也是历来少见的。想到这些情形，便可知理想的国史课本之迟迟未出现，并非由于史家有意躲懒了。

良好的国史课本的编撰是大家公认的急需，而目前似乎没有一个史家敢自信能独立担任此事而愉快。

于此，我们被迫到一个史学史上的旧问题：毕竟理想的国史课本应由一手独修，抑由众力合作？这两方面的利弊昔人论说已详。现在事实恐怕要迫得我们出于合作的一途。那么，我们不可不想一个法子，以尽其利而去其弊。我们以为纲目的选择、资料的搜集和文字的商酌，不可不集合众力，但最初的草稿和最后的定稿却不可不由一人负责。

设想一个以友谊和共同兴趣为基础的小团体，内中包涵国史各方面的专家，和一两位有历史兴趣的散文作家，而其中有一些史家比较喜欢作广阔的、鸟瞰的反省，和文章技术上的试验。大家愿意合力做成一部良好的国史教本，却没有一人愿意争居其功。大家推定一人为总纂。首先大家讨论出这部课本所应当包括的项目，拟成一个大纲。这个大纲不妨先发表，征求这个团体以外的史家的意见，然后由总纂作最后的去取。第二步因这小团体的分子各就所专的范围，从大纲中认定自己担任的项目，去广集资料，纂成长编。自然，在分纂的历程中，大家要时常交换意见。长编全部告成后，也可以刊出。总纂根据长编和对它的批评，乃开始作这课本的初稿。由初稿以至定稿，自然要经过大家的讨论和总纂的裁定。千万要记着，这个团体是友谊的，而不是仅以兴趣结合的。

这个办法也许近于理想。然舍此，我们实在想不出更好的办法。有志的人们何妨试试看？

以上仅谈到方法上一点根本的意见，因读万君的大作而引起的。此外，尚有一些连带的问题，我们愿意以后加以讨论，而先提出来供大家考虑的。

（1）现在初中、高中和大学里都有国史的课程，并且有人提议在小学里也添设国史的课程。这四个阶段，如何分配连络？这个不是等闲的问题，以我们所知，从来未曾被人严重考虑过。

（2）课本只占教材的一部分。在历史教育中，图象（包括地图、绘画、模型和遗物）与文字至少有同等重要。课本和图象怎样分配连络？怎样使图象的应用与课本的应用同样的普遍？

（3）怎样使政府尊重专家的开明意见？这似乎与本题无关，其实所关甚大。课本的编纂，是学者的事，但它能否通行，权却在政府。以我们所知，好几年前有一位很适宜于编历史课本的人，编了一部至少在当时比较算是高明的历史课本，但因为其中有些意见和一位未曾读过多少历史，也不大肯运用神经系统的达官不合，那部书便在出版界中忽然绝迹了，而且替它出版的书店也几乎受累。这样的情形是很足以使有志于编纂历史课本的人灰心的。

历史哲学的根本问题[*]

历史哲学的根本问题，是要把人类的历史组成系统，不独是系统，而且是严格的系统。所谓严格的系统有八种：（一）演绎的系统，（二）准演绎的系统（例如近代物理学），（三）类分的系统（例如物理学上的周期表），以上是观念的系统；（四）有机的系统，（五）那是空间的系统，（六）因应的系统（teleological system），（七）演化的系统，（八）辩证法系统。

所谓不严格的系统有三种：（一）二分的系统（dichotomic system），（二）坐标的系统（reference system），（三）时次的系统，那是历史所本，所有的历史哲学的根本问题，也可以说除了时次的系统以外，我们能否在上说的八种严格系统中的后五种找出——或若干套在历史身上。

历史哲学根本问题，也可以说是历史里有无绝对偶然性的问题。偶然性有二种意义：一是相对的，一是绝对的。凡不能用某种严格系统驾驭的事实，对于这系统而言，是偶然的，那是相对的偶然。凡不能用一切严格系统驾驭的事实，便是绝对

---

* 本文为张氏的中国哲学会第二届年会论文摘要。原载《哲学评论》第 7 卷第 2 期，1936 年 4 月。

偶然的。

　　本人只担任把一切根本的问题弄清楚弄严格，至于解答，则未暇及。

哲 学 与 政 治 *

　　哲学和政治的关系可以从两方面来看：一是哲学的修养和政治的实践的关系，一是哲学的理论和政治的主义的关系。下文分别说明之。

　　什么是哲学的修养？我认为哲学的修养主要的有三个条目：一是理智上彻底诚明的精神，二是"求全"（全体的全）的精神，三是价值意识的锻炼。

　　（一）所谓理智上的"诚"，就是理智上的"毋自欺"，就是不故以不知为知，不故以未至十分之见为十分之见；所谓理智上的"明"，就是理智上的"解蔽"，就是不妄以不知为知，不妄以未至十分之见为十分之见。

　　"诚"与"明"在理论上虽然分别甚明显，但在事实上每很难分别；由诚可以至于明，由明亦可以至于诚，不自欺之积可以成为自信，理智上糊涂的人每每同时即是理智上不忠实的人。理智上的诚与明是哲学上的第一戒。一个真正受过哲学训练的人，他视任何判断，任何信念，如其视几何学的命题（这里姑用普通人对几何学

＊ 原载《思想与时代》第 2 期，1941 年 9 月。

的观念）一般，要问：它是表示自明的事理，任何具理性的人所当承认，而无须为它举出理由的吗？否则他的前提是什么？这前提是否表示自明的事理？否则它又有什么前提？如是一直问下去，至于无可再问为止。假如我趋向了某一判断或信念，而别有许多并非害心病的人却不能接受它，而接受与它相反以至相矛盾的判断和信念，他们对于所接受的信念又举出了若干理由，则我在接受我所趋向的判断或信念之前，必须把他们的理由加以客观的考虑，看能否用严格的论证，把它推翻；如不能，则我得把我所趋向的判断或信念虚悬或放弃，万不能以叫嚣谩骂作自卫的兵器，也不能关起大门，对一切异说，装作不闻，或竟不知，而在沙堆上建筑其理论的楼台。这两样"作风"诚然是一种捷径，但这是诚明的反面，这是爱智的反面。因为哲学的堕落，晚近学哲学的人多失掉了理智上诚明的精神，也即失掉了爱智的精神，而只走捷径。但我们不可以他们的捷径，代表哲学的修养。

彻底诚明的精神，表面上似乎和政治实践的需要不很适合。彻底的诚明就是彻底的自我批评，而政治的实践需要对于主义的始终不渝的信仰，任何批评所不能摇动的坚执。一个常常"不惜以今日之我与昨日之我挑战"的政治家，决不是伟大的政治家。政治根本主张上的贰臣降将和朝代上的贰臣降将，有相类的地位。他们即使是"弃暗投明"，对大众也必然失去号召力，也即失去领导的资格。那么政治家的根本信仰岂不是站在批评范围之外，而政治家的根本精神和哲学家的精神岂不是不相容的吗？其实不然。正惟政治家有根本信仰有"从一而终"之义，所以他在"择主（主义的主）而事"之时，需有彻底批评的精神。一个政治家在选择主义时若没有做过彻底批评的功夫，则日后的结局，除了幸而盲中外，若非朝秦暮楚便是一错错到底。一个政治家的错到底不是等闲的事。那也许是几千万以至几万万人的生死安危苦乐所关。《中庸》说："诚之者择善而固执之也。"执当然要固，但择亦要精。要择得精就要考虑得彻底。彻底的考虑就是彻底的批评。

而且，政治家需要彻底批评的精神，不仅在主义的选择，还在国策的主持。任何政策都是根据国内或国际当前的情势（可简称政情）而产生，它的功效就在它对某种政情下的国家的利益的适合。但政情随时可变，有时（不是每逢）政情变了，政策就得因之而变。政策好比药剂，政情好比病状。有时病状变了，药剂就得因之而变。病状变而药剂不变，可以杀人。政情变而政策不变，可以祸国。但是政策若奉行了许久而历历有效，则它自身具有一种抵抗改变的固定力。功效产生传统，传统成了偶像，偶像成了理智的黑房。在另一方面，政情的改变每非自始即彰明昭著，为有目所共见，却经长久的隐运潜流而爆发于一旦。抱着传统政策的偶像，临着剧变的政情，而措手不及；许多政治上的危机就是这样造成。不用博征远引，现在英国的悲剧便是一最好的例。

远在危机暴发之前而能灼见政策与政情的脱节而从事补救，这便是"知几"，这便是"先觉"。从事后观之，知几、先觉每似乎是很简单，很容易的事，但在当时却便是超迈一世的大智大勇。所以古人说"知几其神"，又以先觉为圣。怎样才得到这样神圣的本领呢？天才成分搁开，就人力所能修的而言，唯有至诚至明的，不囿于传统的反省，守候着政策和政情间的关系而已。这就是说，以彻底批评的精神施于政情的观察和政策的考虑而已。张横渠有一句话可以断章取义地用作这番意思的注脚。他说:"诚、神、几,曰圣人。"此所谓"诚",是指自诚而明的工夫;所谓"神",是指通过外表的障隔而见众人所不测的本领;所谓"几",是知几的效验。由自诚而明的工夫,获得能见众人之所不测的本领,而收到知几的效验,这便是圣人。哲学之为政治家"内圣"的事,其要义之一在此。

(二)所谓"求全"的精神就是对于全体之一种深切的兴趣,科学在对象上注重局部,在方法上注重分析,而哲学在对象上和方法上都要"整个地看"。这"整个"又有两层意思:就对象的范围说,是"至外无外"的整个;就对象内容说是"表里精粗无不到"的整个。自然这只是一个目标,而且是一个永远不能达到的目标。但哲学家明知它不能达到,却力求去接近它;明知没有路径可以达到它,却在无路径中找路径。这种精神对政治的实践又有什么贡献呢?现在的政治自然只是国家的政治。对于世界而言,国家是一局部;但对于国家组成的部分而言,又是一全体。政治的推动和支配力每每发自国家的一局部。对于握有政治上的推动和支配力的政治家,最容易引起其注意而占据其心胸的利益,每每是这种力量所出发的局部的利益,但他的任务却是统筹全局,他必须超越局部,而以其心为全体的心,他即使在实践上没有"为天地立心,为生民立命"的机会,却有"为国家立心,为国民立命"的职责。惟有一种取法乎上的"求全"的精神可以引导他自然而然地超越局部。

(三)什么是价值的意识?通常以真美善包括一切价值,那么价值的意识就是领略真美善的能力。自然这三分法并不足以显示价值世界的繁杂性,只举其大纲而已。例如真有科学之真与哲学之真

（对宇宙全体的直观所见之真）；美有闳壮之美与美丽之美；善有庸德之善，卓行之善，事功（群体之自觉的发展）之善。一个健全的文化，就是能使一切最后的价值都得到和谐的发展，都并育而不相害的文化。今日德、倭等国的疯狂性就在事功的价值压倒以至摧残其他一切价值。在虎兕出柙的世界里，一个国家要维持生存，即使无须以暴应暴，亦势必要把事功的价值放在国民生活的前景，而让其他一切价值退到背景。但这只是暂时不得已的变态，而不是永久当然的常态。

古人说："尧舜兴则民好善，幽厉兴则民好暴。"这是说统治者的价值意识决定国民的价值意识。也许有人觉得这些话太过夸张个人的力量。但我们一看希特拉兴起以前和他兴起以后的德国，便不能不承认这话比它的否定更为近真。"君子之德风，小人之德草。""上有好者下必有甚焉。"当政治成为讴歌的对象时，它是指导文化的势力。当政治成为讽嘲的对象时，它是限制文化的势力。无论如何，政治家的价值意识若乖戾，则一国的价值便不会平正；政治家的价值意识若狭隘，则一国的价值意识不会广博；政治家的价值意识若卑下，则一国的价值意识便不会高上。

一切价值的研究，一切价值的意义和标准的探讨，即所谓价值论者，乃是哲学特有的部门。普通人的价值兴趣都有所偏，对各种价值的了解深浅不一，唯哲学要对一切价值都求深刻的了解。价值意识的锻炼乃是哲学修养要素之一。必待政治家成为哲学家，一国的文化的发展才得到合当的指导，而免于不合当的限制。

上面已把哲学的修养和政治的实践的关系阐明，其次要说哲学的理论和政治的主义的关系。在这一点上，我的话可以很简短。

　　没有一套哲学的理论充分地涵蕴一套政治的主义。没有人能依逻辑的历程单独从一套哲学的理论引申出一套政治的主义。二者之间的联系不是逻辑的，而是心理的。有宇宙的，自然的秩序；有人间的，人为的秩序。我们的本性要求这两个秩序之间有一种连续，一种契合，一种和谐，恰好比我们的审美意识要求建筑物的形色和布置与四周的景物相调协。我们不乐意看见人道和天道相背而驰。我们不能改变宇宙的秩序，以适应人间的秩序；可是别的考虑搁开，我们情愿依仿宇宙的秩序，以创造或改变人间的秩序。所以我们对宇宙的秩序的认识，不免影响到我们创造或改变人间的秩序的计划。请举一个最简单的例。比方《易传》说："天行健，君子以自强不息。""天行健"表示对宇宙秩序的一种认识，"自强不息"是指示我们改变人间秩序的一个方向。"天行健"的命题本身逻辑上并不涵蕴"我们应当自强不息"的命题。我们若相信"天行健"而反对"我们应该自强不息"，逻辑上并不陷于自相矛盾。为什么"天行健"，我们就得"自强不息"呢？没有什么，只是我们根于本性，不乐意看见"天行健"而我们"自弱而息"而已。有谁否认这一点，我唯一的答复就是"汝安则为之"。哲学的理论就是宇宙的秩序的描写，政治的主义就是改变人间的秩序的计划。我们对于某种哲学理论的从违，乃是我们对某种政治主义的从违的决定因素之一。政治学家不能忽视哲学，尤其是流行的哲学思想，其原因之一在此。

论中西文化的差异 *

　　文化是一发展的历程，它的个性表现在它的全部"发生史"里。所以比较两个文化，应当就是比较两个文化的发生史。仅只一时代、一阶段的枝节的比较，是不能显出两文化的根本差异的。假如在两方面所摘取的时代不相照应，譬如以中国的先秦与西方的中古相比，或以西方的中古与中国的近代相比，而以为所得的结果，就是中西文化的根本异同，那更会差以毫厘，谬以千里了。

　　寻求中西文化的根本差异，就是寻求贯彻于两方的历史中的若干特性。唯有这种特性才能满意地解释两方目前之显著的、外表的而为以前所无的差异。若仅只注意两方在近今一时代之空前的差异，而认为两方的根本差异即在于此，一若他们在近今一时代之空前的差异是突然而来，前无所承的，在稍有历史眼光的人看来，那真是咄咄怪事了！

　　近代中西在文化上空前的大差异，如实验科学、生产革命、世界市场、议会政治等等之有无，决不是偶然而有、突然而生的。无论在价值意识上，在社会组织上，或在"社会生存"上，至少自周

＊ 原载《思想与时代》第 11 期，1942 年 6 月。

秦、希腊以来，两方都有贯彻古今的根本差异。虽然这些差异在不同的时代，有强有弱，有显有隐。这三方面的差异互相纠结，互相助长，以造成现今的局面。

这三方面的发生史上的差异，下文以次述之。

<h1 style="text-align:center">（一）</h1>

凡人类"正德、利用、厚生"的活动，或作为"正德、利用、厚生"的手段的活动，可称为实际的活动。凡智力的、想像的或感觉的活动，本身非"正德、利用、厚生"之事，而以本身为目的，不被视作达到任何目的之手段者，可称为纯粹的活动。凡实际的活动所追求的价值，可称为实践的价值。凡纯粹的活动所追求的价值，可称为观见的价值。过去中西文化的一个根本差异是：中国人对实际的活动的兴趣，远在其对纯粹的活动的兴趣之上。在中国人的价值意识里，实践的价值压倒了观见的价值。实践的价值几乎就是价值的全部，观见的价值简直是卑卑不足道的。反之，西方人对纯粹的活动，至少与对实际的活动有同等的兴趣。在西方人的价值意识里，观见的价值若不是高出乎实践的价值之上，至少也与实践的价值有同等的地位。这一点中西文化的差异，以前也有人局部地见到。例如在抗战前数年时，柳诒徵先生于《中国文化西被之商榷》一文里曾说：

> 吾国文化惟在人伦道德，其他皆此中心之附属物。训诂，训诂此也；考据，考据此也；金石所载，载此也；词章所言，言此也。亘古亘今，书籍碑板，汗牛充栋，要其大端，不能悖是。

又说：

> 由此而观吾国之文学，其根本无往不同。无论李、杜、元、白、韩、柳、欧、苏，辛稼轩、姜白石、关汉卿、王实甫、施耐庵、吴敬梓，其作品之精神面目虽无一人相似，然其所以为文学之中心者，君臣、父子、夫妇、兄弟、朋友之伦理也。

柳先生认为中国人把道德的价值，放在其他一切价值之上，同时也即认为西方人没有把道德的价值放在其他一切价值之上，这是不错的。不过我以为这还不能详尽地、普遍地说明中西人在价值意识上的差异。在上文所提出的价值的二分法当中，所谓实践的价值，包括道德的价值，而不限于道德的价值。唯有从这二分法去看中西人在价值意识上的畸轻畸重，才能赅括无遗地把他们这方面的差异放在明显的对照。

说中国人比较地重视道德价值，稍读儒家的代表著作的人都可以首肯。但说中国人也比较地重视其他实践的价值，如利用、厚生等类行为所具有的，许多人会发生怀疑。近二、三百年来，西方人在利用、厚生的事业上惊心炫目的成就，使得许多中国人，在自惭形秽之下，认定西方文明本质上是功利（此指社会的功利，非个人的功利，下同）主义的文明。而中国人在这类事业的落后，是由于中国人一向不重功利，这是大错特错的。正唯西方人不把实际的活动放在纯粹的活动之上，所以西方人能有更大的功利的成就；正唯中国人让纯粹的活动被迫压在实际的活动之下，所以中国人不能有更大的功利的成就。这个似是自相矛盾而实非矛盾的道理（用近时流行的话，可称为辩证法的真理），下文将有解说。

《左传》里说，古有三不朽：太上立德，其次立功，其次立言。这是中国人的价值意识的宣言。历来中国代表的正统思想家，对这宣言没有不接受的。许多人都能从这宣言认取道德价值在中国人的价值意识中的地位。但我们要更进一步注意：这仅只三种被认为值得永久崇拜的事业，都是实际的活动，而不是纯粹的活动；这三种头等的价值，都是实践的价值，而不是观见的价值。所谓德，不用说了；所谓功，即是惠及于民，或有裨于厚生、利用的事；所谓言，不是什么广见闻、悦观听的言，而是载道的言，是关于人生的教训。所以孟子说："有德者必有言。"

亚理士多德的《尼哥麦其亚伦理学》，其在西洋思想史中的地位，仿佛我国的《大学》、《中庸》。《伦理学》和《大学》都讲到"至善"。我们试拿两书中所讲的"至善"，作一比较，是极饶兴趣的事。亚理士多德认为至善的活动，是无所为而为的真理的观玩；至善的生活，是无所为而为地观玩真理的生活。《大学》所谓"止于至善"，则是"为人君止于仁，为人臣止于敬，为人子止于孝，为人父止于慈，与国人交止于信"。这差别还不够明显吗？中国人说"好德如好色"，而绝不说"爱智"、"爱天"；西方人说"爱智"、"爱天"，而绝不说"好德如好色"。固然中国人也讲"格物致知"，但那只被当作"正心、诚意、修身、齐家、治国、平天下"的手段，而不被当作究竟的目的。而且这里所谓"知"，无论照程朱的解释或照王阳明的解释，都是指德性之"知"，而不是指经验之"知"。王阳明的解释不用说了，程伊川说："知者，吾所固有，然不致则无从得之。而致知必有道，故曰致知在格物。"又说："闻见之知，非德性之知，物交物则知之，非内也，今之所谓博物多能者是也。德性之知，不假见闻。""致知"所致之"知"，为"吾所固有"，即"由内"，而"不假见闻"，即德性之知也。朱子讲致知，是"窃取程子之意"的，其所谓"致吾之知"当然即是致"吾所固有"之知了。实践价值的侧重在宋明的道学里更变本加厉。在道学家看来，凡与修身、齐家、治国、平天下无明显关系的事，都属于"玩物丧志"之列。"学如元凯方成癖，文至相如始类俳。独立孔门无一事，却师颜氏得心斋！"这是道学家爱诵的名句。为道学家典型的程伊川，有人请他去喝茶看画，他板起面孔回答道："我不喝茶，也不看画！"

我不知道有什么事实可以解释这价值意识上的差异。我们也很难想像，这差异是一孤立的表象，对文化的其他方面，不发生影响。这价值意识上的差异的具体的表现之一，是纯粹科学在西方形成甚早，而在中国受西方影响之前，始终未曾出现。我们有占星术及历法，却没有天文学；我们有测量面积和体积的方法，却没有几何学；我们有名家，却没有系统的论理学；我们有章句之学，却没有文法学。这种差异绝不是近代始然，远在周秦、希腊时代已昭彰可见了。纯粹科学，是应用科学的必要条件。没有发达的纯粹科学，也决不会有高明的实用的发明。凡比较复杂的实用的发明，都是（或包涵有）许多本来无实用的发现或发明的综合或改进。若对于无实用的真理不感兴趣，则有实用的发明便少所取材了。这个道理，一直到现在，我国有些主持文化、学术或教育事业的人，还不能深切体认到。传统的价值意识囿人之深，于此可见了。观见价值的忽略，纯粹科学的缺乏，这是我国历史上缺少一个产业革命时代的主因之一。

有人说：中国的音乐是"抒情诗式的"，西洋的音乐是"史诗式的"。不独在中西的音乐上是这样，在中西全部艺术上的成就上也大致是这样，想像方面的比较缺乏"史诗式的"艺术，与智力方面的缺乏纯粹科学是相应的。史诗式的艺术和纯粹科学，同样表示精细的组织，崇闳的结构，表示力量的集中，态度的严肃，表示对纯粹活动的兴趣，和对观见价值的重视。

（二）

其次，从社会组织上看中西文化之发生史的差异。就家族在社会组织中的地位，以及个人对家族的权利和义务而论，西方自希腊时代已和中国不同。法国史家古朗士说："以古代法律极严格论，儿子不能与其父之家火分离，亦即服从其父，在其父生时，彼永为不成年者。……雅典早已不行这种子永从其父之法。"（《希腊罗马古代社会研究》汉译本，第六四页）又斯巴达在庇罗奔尼斯战役以后，已通行遗嘱法（同上，第五八页）使财产的支配权完全归于个人而不属于家族。基督教更增加个人对家族的解放。在基督教的势力下，宗教的义务，是远超越过家族的要求。教会的凝结力，是以家庭的凝结力为牺牲的。《新约》里有两段文字，其所表现的伦理观念与中国传统的伦理观念相悖之甚，使得现今通行的汉译本不得不大加修改。其一段记载耶稣说：

> 假若任何人到我这里来，而不憎恶他的父母、妻子、儿女、兄弟和姊妹，甚至一己的生命，他就不能做我的门徒。

另一段记载耶稣说：

> 我来并不是使世界安宁的，而是使他纷扰的。因为我来了，将使儿子与他的父亲不和，女儿与他的母亲不和，媳妇与他的婆婆不和。（两段并用韩亦琦君新译）

基督教和佛教都是家族组织的敌人。基督教之流布于欧洲与佛教之流布于中国约略同时。然基督教能抓住西方人的灵魂，而佛教始终未能深入中国人的心坎者，以家庭组织在西方本来远不如在中国之严固，所谓物必先腐然后虫生之也。墨家学说的社会的涵义和基督教的大致相同，而墨家学说只是昙花一现，其经典至成了后来考据家聚讼的一大问题，这也是中国历来家庭组织严固的一征。基督教一千数百年的训练，使得牺牲家族的小群，而尽忠于超越家族的大群的要求，成了西方一般人日常呼吸的道德空气。后来基督教的势力虽为别的超家族的大群（国家）所取而代，但那种尽忠于超家族的大群的道德空气是不变的。那种道德空气是近代西方一切超家族的大群，从股份公司到政治机构的一大巩固力，而为中国人过去所比较欠缺的。我不是说过去中国人的社会理想一概是"家族至上"。儒家也教人"忠孝两全"，教人"移孝作忠"，教人"战阵无勇非孝也"，教人虽童子"能执干戈以卫社稷者可无殇"。孔子亦曾因为陈国的人民不能保卫国家，反为敌国奴役，便"过陈不入"。有些人以为过去儒家所教的"忠"只是"食君家之禄者，忠君家之事"的意思，那是绝对错误的。不过中国人到底还有调和忠孝的问题，而西方至少自中世迄今则不大感觉到。在能够"上达"的人看来，"忠孝两全"诚然是最崇高的理想。但在大多数只能"下达"的人看来，既要他们孝，又要他们忠，则不免使他们感觉得"两姑之间难为妇"了。而且对于一般人毕竟家近而国远，孝（此处所谓"孝"就广义言，谓忠于家族）易而忠难，一般人循其自然的趋向，当然弃难趋易了。就过去中国社会组织所表现于一般中国人心中的道德意识而言，确有这种情形。而这种情形在西方至少是比较轻浅的。像《孟子》书中所载"舜为天子，皋陶为士，瞽瞍杀人，则如之何"的疑问，和孟子所提出舜"窃负而逃，遵海滨而处"的回答，是任何能作伦理反省的时代的西方人所不能想像的。许多近代超家族的政治或经济组织，虽然从西方移植过来，但很难走上轨道，甚至使人有"橘逾淮而为枳"之感者，绝对尽忠于超家族的大群的道德空气之缺乏是一大原因。

（三）

再次，就社会的生存上看，过去中国的文化始终是内陆的农业的文化；而西方文化，自其导源便和洋海结不解的关系。腓尼基、克列特，不用说了。希腊、罗马的繁荣是以海外贸易、海外掠夺和海外殖民作基础的。在中世纪，海外贸易的经营仍保存于东罗马帝国，而移于波斯人和亚拉伯人之手。文艺复兴的时代同时也是西南欧海外贸易复兴和市府复活的时代。从十二世纪西南欧的准市府的经济，到现代西方海洋帝国主义的经济，是一继续的发展，是一由量的增加而到质的转变的历程。这历程和希腊、罗马的海外开拓是一线相承的。而海外开拓的传统是中国历史上所没有的。这点差异从两方的文学也可看出。西方之有荷马和桓吉尔的史诗，好比中国之有《诗经》和《楚辞》。荷马和桓吉尔的史诗纯以海外的冒险的生活为题材，他们的英雄都是在风涛中锻炼成的人物。而在《诗经》和《楚辞》中，除了"朝宗于海"，"指西海以为期"一类与航海生活无关的话外，竟找不到一个"海"字。近三四百年来，像克茫士（葡萄牙诗人，以华士哥发现好望角之航行为史诗题材者）、康拉特（英小说家，专写海上生活）之徒在西方指不胜屈，而中国则绝无之。中国唯一与航海有关的小说《镜花缘》，其海外的部分却是取材于《山海经》的。我不是一味讴歌洋海的文化，而诅咒内陆的文化，二者各有其利弊。孔子说："智者乐水，仁者乐山，智者动，仁者静。"我们也可以说洋海的文化乐水，内陆的文化乐山；洋海的文化动，内陆的文化静。而且我们也可以更进一步说，洋海的西方文化恰如智者，尚知；内陆的文化恰如仁者，尚德。洋海的文化动，所以西方的历史比较的波澜壮阔，掀扬社会基础的急剧革命频见叠起。内陆的文化静，所以中国历史比较的平淡舒徐，其中所有社会的大变迁都是潜移默运于不知不觉，而予人以二千多年停滞不进的印象。洋海的文化乐水，所以西方历史上许多庞大的政治建筑都是其兴起也勃焉，其没落也忽焉，恰如潮汐。而中国则数千年来屹立如山。（第一次世界大战后，希特勒汲汲经营陆军，图霸欧陆，而不甚着意海军，以图收复殖民地，他未必不是有见于此理。）这差异固然有其地理环境的因素，但地理环境所助成的文化发生史上的差异，研究比较文化的人不容忽视。海外开拓是产生资本主义的一大原动力，虽然资本主义的发达也增加了海外开拓的需要。一般仅只根据《共产党宣言》去讲唯物史观的人，以为照马克斯的说法，欧洲资本主义的社会是蒸汽机的发明所造成的（所谓生产工具决定生产关系）。其实马克斯晚年在《资本论》里已经放弃这种说法。近今讲马克斯主义的人绝不提到《资本论》里对资本主义起源的更近真的解释，我觉得是很可诧异的。在《资本论》里，马克斯把资本主义分为两个时期：

（1）手工制造时期；

（2）机械制造时期。

照定义，在资本主义的手工制造时期，蒸汽机还没有出现，怎么说蒸汽机的发明，造成资本主义的社会呢？那么资本主义怎样起来的呢？马克斯以他所目击的英国为例。资本主义发生的先决条件是大量无产无业的"普罗列特列亚"聚集都市，以供拥有资财的人的利用。因为海外市场对英国毛织品的需求，使得这种制造事业（起初是由小规模的工场和家庭出品的收集来供应的）在英国特别繁荣，同时羊毛的价格也大涨。于是拥有巨量土地的贵族，纷纷把本来供耕种用的土地收回作牧场，同时把原有永久的佃户驱逐。这大量被剥夺了生产的资藉的农民的聚集都市，和海外市场对英国织造业的继续增长的需求，便是造成最初出现于欧洲的大工厂的动力。以上都是马克斯在《资本论》里的说法。我们更可以补足一句：蒸汽机的发明也是适应着海外市场对英国织造业的继续增长的需要的。（但非纯由于适应此需要。远在此时以前西方已有以蒸汽为发动力之机构，唯视为无用之奇器，陈列于博物院者而已。）所以要明白近代西方生产革命的由来，不可忽略了西方航海事业的传统，要了解中西文化在其他方面的差异，也不可不注意西方航海事业的传统。

历史之美学价值 *

　　以吾人为傀儡之不可抗力（死与变），过去之不可回复性，人类当宇宙泯梦虚幻的流转中之软弱——凡此种种，置之于灵魂之深宪内，感觉之，认识之，即所以征服之。

　　过去之有如许魔力，即以此故。彼其静寂之画图，其美也，若晚秋之仙境的素净，时则黄叶欲坠，不耐一嘘，尚背斜阳，灼出金曜。过去者，不变，不争；譬彼邓根（Duncan），百战之后，安然长眠。渴食而坚执者，渺小而浅暂者，都作云烟散；惟美者，永者，灿如午夜之星。此之美，在不与相称之灵魂，当之自靡。惟对于既已征服命运之灵魂，此乃宗教之钥也。（右译罗素《自由人之崇拜》中语，*Selected Papers of Bertrand Russell*，第十二页，一九二七年纽约出版。）

　　如上一首歌咏历史之散文诗，孰谓出于 *Principia Mathematics* 作者罗素之笔？然吾人勿徒欣赏其诗。此寥寥数十言，实包涵彼瞻言百世之哲人之一重大发现。所发现者何？历史之美学价值是已。

＊ 原载《大公报·文学副刊》第 238 期，1932 年 7 月 25 日，署名"素痴"。

倘吾人能认取之者，此发现之重要实与十八世纪以来西方诗人对于自然之美之发现同等。此发现实为吾人之审美经验开一无涯之境土。世界之壮观，足以陶瀹吾人之性灵而开拓吾人之心胸者，不惟在其当前所展陈，抑亦在其过去之重构。崇山长林，洪川巨海；渡头落日，漠上孤烟；甚至一丘、一壑、一草、一木，斯固逸士之所流连，而诗人之所冥契者矣。若夫驰骋心目（the mind's eye），上下千古，转瀛寰于运掌，阅沧桑于弹指，在富于想像力者为之，亦无适而非诗也。罗素所歌咏者仅历史之静的方面，然其动的方面亦同是可为审美之对象。历史者，一宇宙的戏剧也。创造与毁灭之接踵而迭更，光明与黑暗之握吭而搏斗，一切文人之所虚构，歌台上所扮演，孰有轰烈庄严于是者耶？

明乎历史之美学价值，则史学存在之理由无假外求矣。吾窃不解者，自来史家，原历史之功能，为史学作辩护者，为说众矣：曰垂范以示教也，曰褒贬以劝惩也，曰藏往以知来也，曰积例以资鉴也，曰溯古以明今也。惟独不闻有以历史之美学价值为言者。不审彼辈史家，当其在尘篇蠹简丛中涉猎之余，曾亦一回顾其所闯入之境界而窥见其中"宗庙之美，百官之富"，如罗素之所发现者否耶？

历史世界之美实与自然世界之美及艺术世界之美参。此种理论上之自觉前此虽不恒显呈，而事实上则对于过去世界之欣赏流连，固众人之所经验者也。杜子美之"怅望千秋一洒泪，萧条异代不同时"，韩退之之"好古生苦晚……涕泪空滂沱"，此岂尽由于诗人性僻，哀乐异常，亦岂尽由于身世之悲，隔世而通感哉？毋亦其所神游之乡有以移其情而协其志也？残砖断瓦，吾人曷为爱玩而摩挲？败殿颓垣，吾人曷为登临而凭吊？岂不以其背后有一幽穆森严世界在？过去吾国文人，其于史界之美，感觉特锐。此于旧日抒情诗中怀古咏史之多及词章中以史事为直比（simile）或隐喻（metaphor）之繁而可见。以史事为直比或隐喻（前者例如"伯仲之间见伊吕，指挥若定失萧曹"；后者例如"范晔顾其儿，李斯忆黄犬"），即狭义之所谓用典。此种修辞之技术若用之而洽切清新，明易不诡，则实足以沟通幻想或现实之美与史界之美，而予一意义以深远而丰富之背景。近人以典故为文病，相戒勿用，此实一新式"塔布"（taboo），其由来则矫枉过正而昧于历史之美学价值也。

吾人在于自然世界可视为审美对象，亦可视为穷理对象，其于历史世界也亦然。持审美态度以观物者，凝止于当前境界之全相而不求进；持穷理态度以察物者，即所见以求所未见。持审美态度者，随物所导，而不以智范物；持穷理态度者，厘划轸界，区别伦类，比较同异，而寻求通式。持审美态度而作之史，吾名之曰"艺术化之史"；持穷理态度而作之史，吾名之曰"科学化之史"。"艺术化之史"一名易滋误会，若循其通诂，一若真相曾经理想之改窜者焉。然予之意固不如是也。艺术化之史与科学化之史，就其鹄的而言，皆以显真。前者之所显者为真相，后者之所显者为真理。真相与真理乌乎别？曰：读者如欲知己过之真相，则求之于明镜；如欲知关于己身之真理，则求之于人体解剖学及生理学。真相为个体之见于外，而相对于时空上之一特殊观点者。真理为超乎个体通例或个体内外各部分之相互关系，不随观点而殊者。真相为综合的，而真理为分析的。真相为具体的，而真理为抽象的。吾人之见真相也以直观，吾人之见真理也以智力。

然则持审美态度之史家，其与史实之关系遂为明镜之与其对象，而其所述之史遂为镜中人影欤？曰是亦未尽然。任何观点之史都非史家所得而尽窥，其所得而窥者亦不能尽述，昔人所谓书不尽言、言不尽意者此也。物相之于镜不必有所隐，而史相之于史家则不能无所隐。镜无所择于影，而史家则有所择而述。此喻之所以未尽切也，更切当之比对，其惟述史（就审美之史言）与写照乎？写照与摄影其目的皆在摹真，而异者，摄影于观点以外无所择，而写照则更有所择。写照与述史同者，其选择乃在细节之取舍而不在崇易。虽然，犹有未尽也。试想像一艺术家受设作一画像，而像主已死。彼所得而依据之材料为（一）前人所作观点不同之画像，皆残缺不全，其所余之部分，大致相符合，而略有牴牾者；（二）关系像主之姿容举止之不完备的描写；（三）像主生前所用之器服若干。知大艺术家之任务及其所受之限制，则知所谓艺术化的历史之性质矣。

论作史之艺术 *

　　甲斯丁·斯密士（Justin U. Smith）文学士兼法学博士。旧为美国达脱茂斯（Dartmouth）大学近世史教授。著作颇富。尝以所著《美墨战史》受宝列爵历史奖金（The Pulitzer Historical Prize 美金二千圆）及第一次鲁伯脱奖金（Roubat Prize 美金一千圆）。前者为每岁美国史著作中之最优者而颁。后者五年一赛，以酬最优著作之关于史地、考古、训诂、方言及北美古泉学者。兹所译文原名 *On the Art of Writing History*，曾于美国史学会大会宣读，而刊载于《史窥杂志》（*The Historical Outlook*）第十七卷第八号。

　　文中大意谓历史之目的自在求真。然所谓真者非枯瘠无味之谓也。史家叙述其研究结果，当利用文笔之妙。文笔之妙，不独可以增加读者之兴趣，且有助于真象之状出。史迹固有本身原无兴趣非文笔所能为力者，然不尽如是也。又近日史著，每引证考异脚注连篇，使普通读者望而生畏。一展首页，便不敢再翻。此弊亦宜匡救。凡其所言皆平平无奇。然实深中今日

* 本文由甲斯丁·斯密士撰，张荫麟译。原载《国闻周报》第 6 卷第 42 期，1929 年 10 月 27 日。

中西史家之通病。盖自近世科学方法应用于史学，质朴无饰，为史家美谈。文学与史于焉析产，夫亦谁得而否之？然矫枉每流于过正，驯至多数史著，味同嚼蜡，无人过问，徒饱蠹鱼。（历史本为最与人类有关切之学也。）夫损真象以成美观，诚不可为，然有益于真之美，何容摒弃。专门之著作固不因显晦而异其价值，然显矣又何损于其价值耶？无损于己而有利于世。怀铅握椠之士又何惮而不为哉？

　　再观我国，近十年来"国学"焰张。所谓国学，"其领域什九隶于史"。关于此门，至今固尚乏体大精深之作。然论定期刊物之多，此门实当首选。其他普通定期刊物中，大都此门之论文充斥焉。然可读之文我见鲜矣。大多数或类书目单，或类人名录，或类年代表，或类集句文，或类格言集，或类备忘杂录。然其本题又非此举种种也。论其文或则饾饤陈语堆砌古字，或则文法上修辞上之错误且不免。吾非谓此类论文毫无用处，更非谓为之者不愈于饱食终日无所用心也。特此类著作而充斥于史学刊物，而操一刊物之笔政者，又以缺乏此类著作为患焉，斯则我国史学界之奇羞矣。西方史家，于作史艺，固多不讲，然上述现象，则所绝无。试任举一西方史学杂志与任一我国史学杂志比观之，便知吾之所言，非无的放矢，窃尝思之，此类著作之病源，与其谓在于求朴，毋宁谓在于苟且。我国载籍最富而多未经治理，稍施涉猎之劳，东挦西扯，便可积稿匡箧。所难者每不在于搜集若干资料，而在于资料之整理与组织。如碎碗于地，不难于拾取若干片，所难者合碎片而复原碗之形耳。今之"国学"家，每只做第一步而亦不全，第二步则鲜或为之，即为之亦草率敷衍，而固可以得著作家之名矣。著述者高贵之事业。欲速者吾人之恒情。国学中乃有如是之捷途，谁不趋焉，谁不止焉？此近十年来国学之所以一倡百和也。此国学定期刊物之所以多也。此上述种种奇文之所以出现也。此其弊犹在浅薄苟且，尚不遑言艺术也。昔万季野之论作史也，曰："譬如入人之室。始而周其堂寝匽湢。继知见其蓄产礼俗。久之其男女少长性质刚柔轻重贤愚，无不习察，然后可制其家之事。"（本文多与万氏此言相发明之处，读下便知。）"可制其家之事"，然后可与言作史之艺术。又如写生，必须熟审原物之部位形相，然后可与言渲染丹青也。今日我国史界于讲求"艺术"以前，尚须讲求"功力"。故吾执笔译斯密士此文之际，感触所及，有不能已于言者如上，读者或不病其疣赘乎！

大抵凡人对于历史皆感真切之兴趣，第自觉与不自觉殊耳。亦犹其于地理学然，平时或以枯涩死板诋之，及其裹粮远游，则异致矣。无论于地理或历史，兴趣之轩轾，大率视乎所以表述之之道如何。是故作史之最良方法，所关綦重也。且也此艺之近状足使闳大而保守之史学会社（指演讲所在之会），犹为之扰扰不宁，则凡学习而从事于此艺者，谁不当贡其千虑之一得欤？

历史者何？无乎不是而无乎是。凡曾读此间之众答者，当无不作此感也。然无论众说何云，历史者，其职任固在以曾经实现之事告人也，以真事告人也。惟然则为之者，当尽力所能至以求其正确、忠实、圆满。夫历史者固表现之艺术也（representative art）。

表现之事非他，即是表现。故史家当使实在者成其为实在，使其显立于前，使其形存体具，使其圆满，使其真而一如其昔日所为所现之原状焉。凡有生命之物，表现之者，不容剥夺其生命。然世有尽反此原则者，其主张上纵不尔，实施则然也。夫使出诸化工之手者，而为榨干之紫罗兰，或茅絮充塞之羚羊标本，则吾复奚言。若不尔者，则上述原则，实与数学上公理有同等之价值，且当纳之于公理之类也。

粗略言之，历史可分为二类：二者相重叠而不易分判。其（一）可称为专深之作。其所涉范围，比较狭小。而经极彻底之研究，大部分或全部分根据作者自力之探索。其（二）为通博之作，其所涉者广，而作者大率凭藉其他学者探索之功。

第一类具历史质素特富。依其定义，即以彻底为鹄。责任全由作者自负，全书有一贯之方法。其可为希世求利之具者绝鲜。此其研究结果，实具根本之价值。盖由专深之历史，可产生通博之历史，而反是则不能也。故本文专就第一类立论。至若由第一类进于第二类，则神而明者存乎其人矣。

既具善意（good sense）与忠实，而从事撰作专史。其所切需者，厥为彻底之探讨。关于此着，例如资料之考证与比较之类，其必当遵循谨严之科学方法，自不待言。如此探讨，则不独可得完备正确之智识，且可消除偏见。盖智识者成见之死敌也。以上所言之原理，尽人皆无异议者也。

然若论原理之实施，则龃龉立起焉。有一等史家其所以宝贵历史者，似全在历史能予彼等以探讨之机会。在彼等观之，探索者乃目的而非手段。其以为手段者，则获得学术界地位之手段而已。此固自然之势。大凡心有所专之人，眼中只有其所专之对象。是故在热心之教士观之，人者盖为礼拜而造。昔者罗斯福大佐驻军古巴，力请陆军部颁发轻便之军衣，以代通常厚毛之制服。部中经管之官吏昌言曰："异哉，吾措置诸事，方稍顺利，今吾子以此次战事乃尽推翻之哉？"以彼之意，一若师旅乃为彼之工作而存在，而非彼之工作为师旅而存在者。夫世所需要所缺乏者，自为研究之结果而非研究之历程，乃广厦，而非预备建筑之棚架。棚架与考证之文，自有其地位，亦极重要。然史家巨子，为世界而撰作，其撰作所以供诵读也。而史著苟无人读，则失败而已耳，废物而已耳。彻底之研究之结果，或致搜集无数之琐文小节，或病此东扯西凑之举，不值史家之劳。然吾人试取小说名家，若迭更司辈之袖珍册而观之，则知彼辈虽于极琐屑之事，苟似有可能之价值者，莫不细为记录。夫文学家犹能忍受此种苦工而食其赐，史家又何靳何惮焉？夫琐文细节，每能予史文以光彩，以衬托，以饱满，以生气，以人格，是在史家之善为选择耳。然亦有与此意见背驰者。若曰："使史家所述而仅限于有征可信者，则其为史也必破碎朦胧矣。"此固视乎其所垦辟之境域为何如。负耒耜于荒凉硗瘠之区，自必食其当然之果报。若凭空自造而谬为史迹，则是作伪，而痛苦与惩罚随之矣。然大多数境域，固不如上所云。苟以适当之忍耐力赴之，自能寻得若干函牍、日记、铭刻可信之报纸记载之属，可于其中求所需之细节。

或犹有进者，苟于某一情状或事故，备得力所能求之智识，则每能藉逻辑之判论，推求所不知，以补苴罅漏。使吾人确知纽约某年七月之中午烈日高悬，则吾人可以安然大书曰，此时此地，众人不御长大之外套。此不过一显例。实则史家演绎之结果，恒有更复杂于是，其价值更大于是者。

然世有于一切足使叙述饱满，活动，而有人性之方法，原则上皆反对之者。数年前某著名大学中某古典学会开会，吾躬预焉。有某会员者，和悦而有魄力之人也。于会中宣读论文。其文枯涩至极。会散，某宾诧之，以语介绍彼来之人。其人曰："此会惯例，以有兴趣为不雅。"夫使聚一群死文字学专家，人人公允屏绝生趣，则谁得而怨之者。然以言历史，以言吾人本国之历史，则另一事矣。

虽不正确而有魄力之著作，如最优之历史小说者，以视正确而拒人千里外之著作，其对人世之价值，为尤大。盖此类小说能引起人对于历史之爱好，能予人以无限宝贵之智识，深铭于其记忆中而不可磨灭也。（此《三国演义》之所以胜于《通鉴纲目》也。）至于良史，藉其对事实体认之亲切，处处引人入胜。其著作饶兴趣而不背真理，无需谐言轶事及文笔之狡狯，而使读者不忍释卷者。是则视历史小说为更优矣。

历史可使正确而兼饶兴趣。此绝非新义。且勿远征广引。勃莱士（Bryce）不尝谓"最饶兴趣者莫如重要之事迹而经切磋磨琢者"乎？一九一二年，罗斯福在本会议席上曾言"真正之史家，使过去活现于吾人目前，如当时之事"。又曰"其所述苟非栩栩活现，则不足言真"。而尤塞兰（Jusserand）并以同样之重言，发表同样之意见。

此诸警语，自须加以补充。兴趣之问题并不如是之单简。许多重要事实，本来绝不活跃，亦不能加以磨琢，例如海潮之在泥岸，缓缓洄退是也，且也使历史必须饶有兴趣，勒为铁则，则一问题起焉。感兴趣者当属谁耶？凡历史对于作者及其他一二同好之人，未有不饶兴趣也，而真正之史家罔有能使任何能读之人皆悦其书者也，亦罔有能发此愿者也。

虽然，有一不拔之原则焉。多数史学智识，寻常明敏之人，苟能了解之，则必感其兴趣。凡史著之属此范围者，作者当用适当之方法，求达此种效果。用此观之，则勃赖德、罗斯福，及尤塞兰诸氏所主张，谓史家能娱读者而同时于真实无损，且反有益者，信不诬矣。

复次，寻常为普通人读之书。其印刷之形式大抵每页下方附以脚注说明材料之来源。以此施于彻底之研究，辄多凿枘，而每须违弃常例。

恒人展一新编见其有征引之脚注，辄叹曰"来历清楚"，再观其一二处所引而足助其说张目，则心满意足矣。不幸一燕不能成春，一书之征引不能成证据。大抵一重要之史迹，恒有众多之史源。在历史亦犹在日常生活焉。某甲之言，必待与某乙之言比较，而后能决其信否。一作者之文，语语有来历，而语语皆讹谬者，盖有之矣。是故史家必须使所有史源，尽罗其前。忽略一证据，其罪浮于滋衍一谬误。盖断言之谬误，可藉前文所已知者而察出之。惟要据之忽略，最易瞒人于不觉。

是故史家于其力所能觅之一切资料，必须一一加意，而于其中穷力搜索，如披沙炼金，无使闪闪者一粒有遗。其采用之资料又必须尽皆注明来历。此无可逃之责也。如不然者，他人一取其书与所注之史源相核对，便发觉其根据之缺乏矣。虽然此完全之脚注，必致充塞篇幅，使读者望而生畏矣。

然使略去此注，又何以示信耶？曰有两存之道焉。将资料之来历及考证移置卷末，则可以多占篇幅而无害，而作者之智识丰软俭软，轻易置信软，眼光锐敏软，皆可于此见之矣。

离引注于本文，尚有一利焉。夫使全量而大于其分，则幸较论之，最重要者孰逾于使读者得一明晰之大概印象。然使每一步骤皆有脚注间断之，读者为好奇心与责任心所驱，势不能置之不顾。于是思路为之打断，批判较量之心生，而反不能得全书之大意焉。尤有进者，使探索而彻底，则其所采用之资料，每非寻常读者所习闻习见。仅注出处于页之下方，而不加解释，读者莫名其妙，徒滋心中之疑难与纷扰。是故为普通人读之书，说明资料来源之注释，例须移于卷末。

今可进而论探索结果之如何表述矣。清晰可诵之文笔，文学名著之熟习（无论史著普通文学书）自为必具之条件，兹不必论，惟论不如是之明显之事云。吾人皆曾读所谓"历史文笔"（historical style）者，然实无是物也，至少就专史而论则然。使有历史文笔则亦当有"戏曲之文笔"，盖戏曲亦表现之艺术也。吾人通常用语，固可称如此如此之表述为戏曲式，如彼如彼之表述为"非戏曲式"，然初未尝有"戏曲文笔"也。例如《哈孟雷特》（莎士比亚戏曲，有田汉君译本，中华书局出版），第一流之戏曲也，然其中掘墓人谐谈普伦尼渥斯之名言，及哈孟雷特教伶人之语，皆不能称为戏曲之文笔。盖每一节一段，莫不与其人物及地位相称。若千篇一律，如范自模型，则是依样画葫芦之为，乌足以言艺术也。

世有恒言"文笔如其人"（The style is the man，按此乃法人

Buffon 之名言），此于论辩之文则然，于专史则不然。其然者亦限于极少数耳。盖专史之职，在将过去之情象以活跃实现之方法表述之，而文笔非以为缘饰，乃其实质之一部分也。欲显此义，请举诗歌一章为例。盖诗者，文章技术之极轨也。（原引丁尼生诗，兹改用陶诗。以下例证，亦悉代以中国资料，取其与读者较为亲切也。）

> 方宅十余亩，草屋八九间。榆柳荫后园，桃李罗堂前。
> 暧暧远人村，依依墟里烟。犬吠深巷中，鸡鸣桑树巅。

试不变诗中之意义而变其文笔如下："其住宅占土地十余亩，共有草屋八九间。后园种榆柳树，堂前种桃李树。离草屋远处有乡村隐然在望。每当炊饭之时，可见家家灶突之烟上浮。时闻深巷中之犬吠声，及桑树巅之鸡鸣声。"如此则悠远宁静之趣，烟消云散矣。然则文笔之中，岂非有实在之质素，如其缺乏此质，则所描写者，不得不黯然失色矣。

如曰渊明之诗，不过极端之例，而诗又与散文异致，则请以旧日衙门之"虎头牌"为证。牌上书曰"□□重地，闲人免进"。使改此语曰"此乃重要之地，闲人不得入来"。其意一也，然凛凛之威风何在矣。如曰此小吏自作威福，不可为例，则请读正史。《史记·匈奴列传》："匈奴远遁，漠南无王庭。"试以另一种文笔出之曰："此强悍之匈奴，寇掠中国已千余年，高、惠、文、景四朝其子女玉帛不足餍其欲者，至是率众远遁，幕南之地一空矣。"又可以另一种文笔出之曰："匈奴为卫青、霍去病之雄兵夹击，抵抗力全失。扶幼弱，引牲畜，弃其幕南之王庭，而仓皇远走矣。"

以上同一故事，而有三种叙述，文笔各殊。其在读者心中所生之影响亦异。故其所示读者之意义，无相同者。

凡奏提琴（violin），每一音皆有余响与之偕。此余响不见于乐谱中者也。然无此余响，则提琴不成其为提琴，音乐不成其为音乐矣。是故言词之聚以宣意者，每不独具理智之内容，且兼具感情之价值，而此价值即其所宣之意义之一部分也。其或缺之，则反面之表示，亦极重要，亦犹无色即色，黑是也。是故意想与表现意想之形式，须使共逞其用，如音声之与余响焉。而专史作者，欲其表现之忠实尽度，当使文笔与题目相称。换言之，即使文笔与真象相称也。夫自古造成历史之人物，其思想行为，几尽为感情所渲染。而谓板滞枯燥，如几何学式之心智，能了解之，能阐释之乎？

述清乾嘉间汉学之发展，自宜于静穆。若述晚清新学之兴起及维新变法之事业，则当以活跃震烁之笔出之矣。清末法律改良及立宪筹备等事，自无足动人。至若辛亥革命之爆发，若其时热血沸腾，舍身赴义之青年之言行，操史笔者至此而漠然无动于衷焉，则其所研究，所描写，能有当者鲜矣。凡遇战事，无论作者如何无偏无蔽，其感情未有不为之掀起者也。要之，史家之文，因事制宜，无有常格。谓有"历史文笔"者，是不啻谓夏云有定形也。"粉饰之文"一辞，亦须重加考虑。吾人之厌恶此类文字者，大都由于自视过重，凡不如己意者则反动生焉。夫粉饰之真正罪状，在其虚伪与造作，在其使小者大，使常者奇。若夫带色彩之叙述，无虚伪与造作，而反具真确与自然，则其罪状乌在乎？

昔有一重要之事，发生于一浪漫之地。某史家以化学家谨严之态度注察之，归而据实直笔之于书。有某批评家读之而喟然叹曰

"遇矣"。然此批评家初来尝亲临其地也。其后燕居与友朋辩论，有以实告者。彼答曰"虽然，历史终不当如此作也"。此史家与批评家二人者，谁之方法为合于科学欤？为不谬于专史欤？尤塞兰曰："仅因一事实之诡异动人而弃之，其违反科学方法，与无征而信同。"

更有一事当加考虑者。图避免粉饰之诮而为之过力，则反流于虚假与造作。有女子焉，见嫣红之玫瑰不为时尚，则撷茅苇而簪之。有富人焉，厌辉煌之广厦，则建石室如谷仓者而居之。吾侪史家，幸无学此。过与不及，当两免之。文笔与题目务使相称。且也，使事实而带某色彩，则叙述中亦当暗示此色彩。要之，作史之正当方法，大略如下。一切与某题目有关之事实，悉令其寂然栖止于作者之心中，直待其相互间逻辑之关系，自然凑合。于是真象自显，瞻瞩自恢，而事实之神髓摄取于不觉。最后举凡有意义之资料，皆从其心中攫得生命（假设作者之心非如槁木死灰者）而要求笔墨之宣泄。如是则其产品为实在而活跃之物矣。再将此产品逐步与既经考信之资料核对，而加以冷酷无情之修改，则历史成矣。（参看篇首按语所引万季野之言。）

使历史而依此原理撰作，则读者无须旁皇于两种史籍之间。其一，真实而乏兴味，朝读夕忘；其一，则饶兴味而不真实，读之无益于智慧者矣。

使历史而依上述原理撰作，则无须每代（Generation）改造，如时人所云矣。盖彻底探索，则史证毕罗。文笔与事实相称，则史文与史迹同传于不朽。

使历史之而依上述之原理撰作，则能与人群发生关系，而不致如今日名为"科学式"而实则"学究式"之史著，徒饱鲟鱼矣。夫史家幸而得成专门之业，对于人群实负重责。能尽此责，报亦不爽，如书籍之销行，声名之雀起，影响之广远，皆是也。（译者按，于此处亦可见美国人功利之主义。）凡兹盛酬，昔之史家咸优受之。今则锡赉日啬，据美国史学会某委员会之调查，则知其然矣。或诘予曰"除若干罕例外，庸讵知子之所言，非'不切实用'之理想乎？"应之曰，在不劳而获之人观之，何一非"不切实用"？然吾之理想其实现之难，当不加于今日史证标准之在百年前也。然原理之应用自需常识为佐。然完善之原理，苟存之于心，自有所以应用之之道。

最后试一审量，吾所陈果有新奇之论否耶？吾之献议，其大旨不外如下。作有生命有兴趣之史。其法（一）彻底研究；（二）文笔与题材相称；（三）表现史象本来之颜色与气味。鄙意非欲人择于浮夸与枯瘠二者之间，惟欲人逃于此二极端之外而已。

《古石刻零拾》序 [*]

予尝谓治史有二道焉。审世运之推移,究文化之同异,辨兴衰之因果,絜古今之纲领,此以穷理之态度治史也。自划于时间之一片断,置身其境,靡所不观,靡所不搜,靡所不问,日受浸渍与熏染,恣意神游而冥会,久乃深入其阃奥。摄揽其精魄,而豁然洞见一森众之小宇宙,其间万物,轮廓如削。以此灼观,而述一人之史,则若髣髴老友之平生;而述一地之史,则若追摹故乡之景物;而述一事之史,则若自叙繁牵梦寐之旧迹。此以审美之态度治史者也。

古遗物于史学之裨助,唯以审美态度治史者感之最切。先民手泽血汗之所留,鲜能不泄漏其心灵之消息,而物资环境与吾人之生活间,自有其易会而难状之融和。不认取此之融和,则遗史事之神采。读杜子美诗者,若能想像其衣冠、器用、居室之形状,及其所游长安、洛阳街市之景况,则于了解与欣赏之增进者如何! 使更能得子美诗稿、家书之手迹,则其品性之展现于吾人目前者更当如何亲切而活跃!

以审美态度治史,则于过去之认识,力求具体而有时不厌其

* 原载《古石刻零拾》,东莞容氏印本,1934 年 12 月。本文反映出张荫麟先生以审美态度治史的旨趣。

琐，然此非以穷理态度治史者之所需也。吾敢断言，由后者之道，则《春秋》以后之史，其有待于古遗物发现之补益者盖甚微。今世学者多能言古物学于史之重要，而实罕以审美态度治史之人。此古物学之所以未得其用也。唯以审美态度治史者为真能欣赏古遗物。爱好古遗物而穷索其历史之因缘，则亦庶几乎以审美态度治史矣。

予友容希白少耽金石之学，壮而弥笃，由文字而及器物，更进而及于史迹。二十年来其考订古器物及其铭刻之作，先后有《金文编》、《金文续编》、《宝蕴楼彝器图录》、《武英殿彝器图录》、《颂斋吉金图录》、《殷周礼乐器考略》、《秦汉金文录》、《殷契卜辞》诸书。近又以余力撰集《古石刻零拾》一编，其所甄择，以文字精美，有裨于史；或新出土，而世罕知；或旧虽著录，而流传不广；而皆为持审美态度治史之学人所当快睹者为准。拟随搜讨所获，分集印行。刻文与史籍有关者，悉广为钩稽考释。此集计收周《诅楚文》、秦《泰山刻石》、汉《袁安碑》《袁敞碑》、魏《苏君神道》《素下残石》、晋《左棻墓志》七种。前二种原拓皆佚，一录自《绛贴》及《汝贴》，一录自《绛贴》，后五种则皆河南新发现者也。左棻，左思之妹也，其墓志载兄嫂与侄女名。予读希白之考释云："思……子女及妻，本传皆不载，二女纨素、惠芳之字，则见于思之《娇女诗》。刻画二女娇纵之状，视杜甫北征归来时，痴女狼藉画眉，挽须问字，风趣过之。今读此志而忆诵此诗，如二女活跃纸上。"信乎希白之意趣，有超于古器物之外者也。由古器物之爱好，进而至于以审美态度治史，希白倘有意乎！

（民国）廿三年十一月　张荫麟

致张其昀书[*]

晓峰吾兄：

惠书欣悉。国史为弟志业，年来治哲学治社会学，无非为此种工作之预备。从哲学冀得超放之博观与方法之自觉，从社会学冀明人事之理法，岂曰能期窃所期向！通史艰巨之业，决非少数人之力所克负荷。断制营构，固须自用匠心。至若网罗散佚，分析史材，及各方面之综，则非资众手不可。颇拟约集同志，先成一国史长编，此非徒为少数人谋。后来任何有志于通史者，均可用为资藉。此长编不必有一贯之统系，各册自成段落，为一事、一人、一制度、一时代或文化一方面之专史可，为丛杂之论集亦可。篇幅多寡亦可不拘，要以于国史智识有新贡献者为准。各册随得随刊，不必按伦类或时次编排。此意非弟创发。英国 Began Paul 书店所刊有名之《文化史丛书》，性质即略如上所云云。此丛书曾拟百册，至今尚未完。然于文化史贡献甚巨，吾兄何不师其意，发起"国史长编丛书"，自任主编，分约专家撰述？此为国史中开时代之盛业，吾兄其有意乎？

---

* 原载《思想与时代》第 18 期照片扉页，1943 年 1 月 1 日；题曰："民国二十二年三月七日自美国斯丹福大学与张其昀书"。

地理与历史可称为姊妹科学，其相辅相成之处甚多。通一时代之史而不明其地理环境，犹演戏而无配景，乌乎可？弟深愧于地理毫无素养，他日必先于本国地质、地势稍加考究，并恣游秦、晋、宋、鲁之故墟，然后敢下笔写国史也。在此预备中，其有需请吾兄他山之助，从可知也。

国史目前诚无使人乐观之余地，然吾人试放远眼光，从世界史趋势看来，日寇之凶焰决非可久者；然中国否不极则泰不来，且放硬心肠，伫候大河以北及江海沿岸之横遭蹂躏可耳。历史上腐化之时代而能为少数人道德的兴奋所转移者，殆无前例，必有假于外力之摧毁，摧毁之甚而不致于灭亡，则必复兴。弟于国事对目前悲观，对将来则并不悲观。承询最近行踪，弟居西美一僻乡，与世绝缘，真成韬隐。暑假后将东往纽约住半年，再畅游各地，即行归国，但未审能如愿否耳。匆此，即颂撰安

弟荫麟　顿首

中学本国史教科书编纂会征稿启事 *

在本刊第二期（去年九月廿八日）所载《关于"历史学家的当前责任"》一文里，素痴君曾说过：

> 良好的国史课本的编撰是大家公认的急需，而目前似乎没有一个史家敢自信能独力担任此事而愉快。于此，我们被迫到一个史学史上旧问题的变相：毕竟理想的国史课本应由一手独修抑由众力合作？这两方面的利弊，昔人论说已详。现在事实恐怕要迫得我们出于合作的一途，那么，我们不可不想一个法子，以尽其利而去其弊。

当时他提出的法子是这样：

> 设想一个以友谊和共同兴趣为基础的小团体，内中包涵国史各方面的专家，和一两位有历史兴趣的散文作家。……大家推定一人为总纂。首先大家讨论出这部课本所应当包括的项

---

* 中学本国史教科书编纂会以张荫麟、吴晗为核心成员。

目，拟成一个大纲。这个大纲不妨先发表，征求这个团体以外的史家的意见，然后由总纂作最后的去取。第二步，由这小团体的分子各就所长的范围，从大纲中认定自己担任的项目，去广集资料，纂成长编。……长编全部告成后，也可以刊出，总纂根据长编和对它的批评，乃开始作这课本的初稿。由初稿以至定稿，自然要经过大家的讨论，和总纂的裁定。

这个法子，依我们现在看来，还是太过于理想了。机会把编纂一套中学本国史教科书的工作放在我们肩上。我们面对着一个立需解决的实际问题。这套课本包括高中和初中两部分。完成的期限是三年：以二年完成其中的一部分，以一年完成其余的一部分。这个时间的限制马上使我们觉得上说的办法大部分不切实用。那"包涵国史各方面的专家和一两位有历史兴趣的散文作家"的，"以友谊和共同兴趣为基础"的合作团体是"可遇而不可求"的，而我们现在不能再费时间去等待那不可知的奇遇。那样的团体不独需好些能合作的"专家"，而且需要他们能聚在一起，而且需要他们能在一定时间内以中学本国史教科书的编纂作为正业，至少正业的大部分。于是又牵涉到经济的问题。那样的团体我们能马上唤召得起么？但我们的工作却是马上要开始的。因此我们不能不放弃素痴君的理想。

因为事实上的种种限制，我们同在一起，直接合作的只能有两三人。我们深觉得自己的力量远不能与所担任的工作相副，现在特用征稿的形式，请求国内史学家的援助。在说明所需要稿件的性质和关于投稿的规定以前，为着愿意和我们合作的人的便利起见，让我们把编纂的计划略为解释。

我们劈头碰到的问题就是国史教材在初中和高中两阶段里的分配。这个浅显而且基本的问题，竟被以前编纂中学国史教本的人忽略了，这不必因为他们智力不周，只因过去初中和高中的国史教本绝少是同出一手的。结果这两级的课本，内容大半雷同。学生们在初中时读的是一套，在高中时读的还是那一套，这最足为兴味的障碍。我们第一步要使初中的国史教本不是高中同类教本的缩影或稀淡剂。要使它们各有各的范围，各有各的生命。这目的怎样达到呢？中国史是一而无二的，我们怎能给它做两种不同的叙述呢？我们不能把它斩成两橛，以一橛给初中，一橛给高中；若如此，则读了初中而不升学的学生对本国史只认识一半。那又怎行呢？

我们对于这分配的问题的解答是这样：第一，在初中采用纵的划分，在高中采用横的划分。所谓纵的划分者，即是将历史的众方面，如民族的斗争和离合，国境的开拓，物质生活的变迁，社会结构的演化等等，分别叙述，各方面从古及今，自为段落。这种方法最宜于简要的鸟瞰和现状的溯源，这些正是初步的历史智识所需要的。所谓横的划分者，即是以整个的时代为段落，其目的在显示各时代的特殊面目，这正适合于历史之较深刻的认识。第二，在初中详今略古，详近略远；在高中则各时代的叙述力求比较的平均。我们以为初中的历史教材应侧重解释现在；而大概而论，愈近的历史对于现在的影响愈深，故应当愈详。高中的历史课程应当侧重各时代之比较深刻的认识，故需要比较平均的叙述。

为着研究和编纂的便利，我们打算从高中部分着手，因为由博返约，则约者易精。现在所要征求的稿就是为这部分用的。下文附有这部分的草目，这只代表我们出发前约略画定的路程，将来是不免稍有分并或增减的。同时我们极端欢迎对于这草目的批评。这草目包涵八十章，七十二个大题。（也许将来在这范围内增多若干章，给教学者以伸缩的余地）。计高中的本国史授三学期，共约一百六十学时。平均恰可每两学期时毕一章。也许有人觉得大题的数目未免太少，遗略的未免太多。这一点我们也曾考虑过。我们以为过去的历史教本的通病之一就是头绪太过纷繁，使读者如堕大海。中学教科书的理想是引人入胜。凡有写作经验的人都知道，欲使文章动听，必须条理简明。韦尔思有名的《世界史纲》连引论通共只有四十章回。若过求材料的周备，结果只成一部类书或辞典，要追求趣味的少年读这样的点鬼簿，（某印书馆出的高中本国史便是一个例子，我们曾偶于其中一页里共发现一百多专名！）未免残酷。

我们一方面要求纲领的简单，一方面要求叙述的丰腴。我们不轻易引进一个专名，但每个专名被书中给予的涵义必须极具体而饱满。我们打算定稿每章的字数从六千到一万左右。这已经是无法再添的了。在这样的限度内处理像"东汉的学术"或"南朝的社会和文物"等类的题目，我们只能选择最有特征的或对后来最有影响的事项来叙述。但这选择的必要条件是对本范围的彻底了解。编教科书之难在此。

现在我们可以说到投稿的办法了：

（1）所征求的稿是作参考的长编用的，而不是供定稿直接采录的。

（2）投稿分两种：一是受酬的，一是不受酬的。

（3）不受酬的稿，分量或内容无限制，凡作者认为可供本会编纂之助者，均所欢迎。凡不受酬的稿，不论其见解或文字为本书采用，则将来我们于"编纂始末"中著录作者姓名、籍贯及其对本书之贡献，并以本书精印本为赠。

（4）凡欲受酬的投稿者，于附录草目中认定若干章（每人至多以五章为限），或另定题目亦可，惟均请预先通知本会，经其同意，方可属笔。此之规定，一以免工作的重复，二以免与本会的需要相距太远的稿件徒劳往返。但上说本会的同意并不保证来稿之必被采用。

（5）凡欲受酬之投稿者，于其以所担任题目通知本会时，请附寄一些本人以前专题研究之作品，或对于所担任题目之编撰计划及依据资料简目。

（6）凡每章之长编，以万二千字为最高限度，其酬金以六十元为最高限度。酬金之多寡，以内容之价值，而不以字数为比例。

（7）凡担任一章的长编者，其稿件请于接到本会同意后半年内寄来；担任两章者可分两期寄来；担任三章以上者可分三期寄来，均以半年为一期。过期不致酬。

（8）凡已发表之稿概不致酬。

（9）受酬之稿若被采用，则于本书"编纂始末"中著录作者姓名籍贯并来稿之目，采用时并注明所出。

（10）凡受酬之稿，经本会采用后，在本书完成前不得发表。

（11）不用之稿一概退还。

（12）本会通讯由《史地周刊》社转，惟来函请标明寄致本会。（由北平寄该社址，邮费照外埠例，请勿欠资。）

附录　高中本国史教科书草目

卷　　一

第一章　石器时代（以地质略史为背景）

第二章　殷商文化及其渊源（附述唐虞夏的传说）

第三章　周朝的建立

第四章　周代封建社会的组织

第五章　戎患与东迁

第六章　民族国家的形成与发展

第七章　孔墨及其时代

第八章　七国（上）（政治的、社会的）

第九章　七国（下）（文化的）

第十章　统一的进行和完成（上）

第十一章　统一的进行和完成（下）

　　　　上章叙秦的强大及合纵连横的国际形势，迄秦亡；下章起楚汉之争，迄吴楚之乱。各注意政治以外的统一趋势。

第十二章　汉武帝及其文化事业

第十三章　西汉与匈奴的斗争

第十四章　西汉的开拓事业

第十五章　儒生的改革运动

第十六章　东汉的建国及其规制

第十七章　匈奴、西域、南蛮和西羌

第十八章　东汉的学术

第十九章　东汉的社会及经济状况

卷　二

第二十章　转变时代——汉末至西晋（上）

第二十一章　转变时代——汉末至西晋（下）

　　右二章从政治、经济及文化三方面考察。

第二十二章　五胡十六国

第二十三章　佛教的输入与传播

第二十四章　南朝的社会和文物

第二十五章　北朝的社会和文物

第二十六章　南北的混一（上）

第二十七章　南北的混一（下）

　　从隋的建朝到初唐。兼述隋唐政制，尤注意唐律及考试制度。

第二十八章　唐太宗与武后

第二十九章　隋唐的开拓事业（注意海外交通及其影响）

第三十章　安史之乱及其社会背景

第三十一章　藩镇时代

第三十二章　唐代的文学与美术

第三十三章　唐代的宗教

第三十四章　晚唐和五代

第三十五章　宋的建国及其规制

第三十六章　宋与契丹、西夏

第三十七章　北宋的社会及文物

第三十八章　庆历新政与熙宁新法

第三十九章　女真的兴起和宋室的南渡

第六十三章 极盛与渐衰（三、学术的）

卷 四

第六十四章 从鸦片之役到英法联军之役（注意国际背景）

第六十五章 太平天国（上）

第六十六章 太平天国（下）

　　注意太平天国前后的秘密结社，乱事之经济的原因和结果，乱事前后之中国的军队。

第六十七章 中兴名臣的建设事业

第六十八章 外患的激增（上）甲申中法之役及其前后

第六十九章 外患的激增（下）甲午中日之役及其前后

　　（注意国际背景）

第七十章 维新运动（注意康梁以前的先驱者及戊戌以后的实施）

第七十一章 义和团之役及其影响

第七十二章 回銮后的清室

第七十三章 革命运动

第七十四章 武昌起义和民国成立

第七十五章 袁世凯与北洋军阀

第七十六章 欧战与中国

第七十七章 孙中山的奋斗

第七十八章 新文化运动

第七十九章 近六十年来的国民生计问题

第八十章 近三十年来的中国和日本

（原载《大公报·史地周刊》第 21 期，1935 年 2 月 7 日）

关于中学国史教科书编纂的一些问题[*]

本刊第二十一期所发表中学本国史教科书编纂会征稿启事，内中投稿办法的开宗明义第一条就说：所征求的稿乃是供编纂时参考用的长编，而不是供将来教本直接采录的。这就是说，所期望大家供给的是教科书材料，而不是教科书的正文。但这一点似乎有些关心的读者没有注意到，因此我们屡听到这样的批评：把许多各不相谋的专门研究，乱七八糟地凑在一起，怎能成为一部良好的教科书？但我们的原定计划，决不是将投来的稿凑在一起而已。诚然，我们所征求的是原始的探讨（original reserch）的结果，而不是正史和诸"通"之浮光掠影的抄撮。但即使将来所得的稿完全合于理想，主纂者于有来稿可用之题仍须尽其力之所能，作些第一手的研究，而不能全以来稿为依据。现在的征稿完全为尽"集思广益"的可能而已。

于此又有人问：你们到底拿什么目的，什么"史观"去把乱杂的材料贯串起？这个问题是很容易回答的，但我们无论现在或将来

———————
＊ 原载《大公报·史地周刊》第 24 期，1935 年 3 月 1 日。刊载时标明系"中学本国史教科书编纂会来稿"。

却不愿意回答。这并不是因为我们没有目的或史观（至少中国史观）；也不是因为我们所采的是不可告人的目的，或"滑头"的史观。我们之所以不愿意回答这问题，有四个原因：（1）教科书的主要任务，是明晰地、有趣地陈述人人应知、而无人能否认的历史常识，这种常识，不是什么目的或史观所能改变的。（2）我们并不想把自己的目的和史观放在这部书的前境（fore ground）；我们要使自己的目的和史观在这书中成为"有若无"。我们要使读者处处觉得作者是在陈述事实而不是谋达什么目的，或宣传什么史观。最能达到目的的方法是不使人觉其有目的，最真确的史观是能与事实融化于无间的史观，此固可为知者道，难与俗人言也。（3）贯穿史材之最好的线索是事实本身的脉络，而不是现成的"史观"，求之于现成的"史观"只是不得已而思其次。（4）这部书的任务既不在表扬作者的目的或宣传一派的史观，把他的目的或史观说出来，并不能增进读者对本书的了解，适足以引起不细心的读者的误会。因为一谈到史观，便不能不提到一些流行的名词，而这些名词（肯定的或否定的）都挟有惹起蔽塞聪明的情感的力量。这里是我们用得着涵蓄的地方。我们的鹄的是艺术。一件艺术品的目的若由作者口中说出来便索然无味。于此我们愿意学哈代，而不愿意学萧伯纳。

上面的一段话是为着有人读了我们的启事和草目后，觉得我们没有目的和"史观"，而以为缺憾。但另外有些人却恐怕我们有什么"史观"，希望我们没有什么"史观"。这真令我们左右做人难也！

什么是"史观"？这有两种说法：（1）把史观当作对于历史的鸟瞰，对于历史众方面的变迁和其相互关系的一个大概的看法。这种史观不可不有，而且除了糊涂人以外不能不有。（2）把史观当作解释一切应史事实的因果关系之铁则。这种史观不可有而且只有糊涂人才会有。其实没有一个伟大的"历史哲学"家，或有名的"史观"的创始者是把所谓史观这样看待的。（无论他们的过错是怎样）拿这样的史观归之于他们只是不读书、不思想之过。第（2）种史观我们是没有的，但第（1）种史观是有的，而说明这种史观的最好方法是具体的历史叙述，而不是抽象的名词，尤其是最易惹起蔽塞聪明的情感的流行名词。

关于高中本国史教科书之讨论[*]

（一）钱宾四教授来书

编辑先生^①大鉴：昨日王君惟诚颁下大稿《高中本国史教科书草目》，嘱参意见，甚惭浅陋，无益高朋。

足下提出"纲领简单，叙述丰腴"八字，弟极端赞成。弟意即就高中而论，要政治、学术、社会各方面一一顾到，仍属难能。最后全书叙述，仍以政治方面为主脑，而以学术、社会种种情形就其相互影响者为串插，使读者于历史盛衰治乱之大纲，先得一明晰之基本知识，将来自能引伸。否则头绪一多，茫无畔岸，此后研求历史，仍须从头讲起。今大学新生对本国史基础知识之缺乏，及大学校通史之难讲，而一切稍涉专门之历史学程，又难有切实之成绩者，皆生此弊。昔人谓"卑之无甚高论"，其意良可味。窃愿足下此书能一矫时下高论不实之弊也。

鄙意尊拟草目，亦有几处似于普通政治史上之脉络条贯，尚欠完整，而颇有陷于顾此失彼之弊者。如第二十二章"五胡十六国"

＊ 原载《大公报·史地周刊》第 26 期，1935 年 3 月 15 日。
① 编者于广东省立中山图书馆藏容庚档案中发现钱穆之原信，抬头则称呼为"素痴先生"。

以下，第二十六章"南北的混合"以前，只叙南北朝社会文物，第三十九章"宋室南渡"以下，只叙南宋社会文物等是也。弟意社会文物固须讲，而普通政治事实更应先及。如东晋、南宋何以不能恢复中原，此在听西晋北宋覆亡之历史者，人人连带有此问题。陶侃、桓温、刘裕、岳飞、秦桧、韩侂胄，亦应使中学生人人知之。若以"社会和文物"为题目，即于此等处势难详述。若以"东晋之恢复运动及其内乱"等为题目，则当时社会文物之有关于此方面者，未尝不可牵连涉及。且叙述东晋社会文物，本似应有"何以当时终于偏安而不能恢复中原"为其内在之问题而着眼抒写也。

此对于尊拟草目条贯系统方面之见解也。至详略之间弟亦略有刍献。

如第三章、第四章，似只须并为一章论之。"孔墨及其时代"，似一章容不下。而"王阳明和明代学术"，则不须专章述之。第五十九章内包亦嫌太巨，因"明遗老学术思想及其影响"一节，实为近代学术开新境界，较之阳明只是理学末梢一节者不同。（若论学术思想上之地位，阳明固甚高。若编通史，似应多写亭林、梨洲、船山诸人，而不必多写阳明。）又如"康熙帝"一题，鄙意尽可分"建州入关后之设施"为上下两章，叙述清初压制中华之种种措施，而康熙之雄才大略亦见，不必如清儒及西人之极推康熙大帝而特为标题作目。讲晚近元、明、清三代史事者，鄙意下笔尤当有斟酌，不知尊见许弟此意否？

以上均就尊拟草目，略贡所见。如每一题下应如何写法，此尽有出入。因草目未详子目，无从悬揣。如"唐太宗与武后"一题，未晓尊意当如何写，即颇难述其鄙见。至二十七章"南北的混一

（下）"，尊注谓"兼述隋唐制度，尤注意唐律及考试制度"。弟意"唐律"固重要，然于"纲领简单"的原则下，似可不必详及。因此等稍带专门性之材料，恐非高中学生所能了解，而于通史之关系，亦并不甚大。弟意隋唐制度，"府兵"与"进士"，同一重要。特殊的"当兵"阶级，与特殊的"做官"阶级，皆自隋唐而渐渐形成此下千余年之状态，似更有关系。其他如中央之有六部等，皆较"律"更为有普遍之重要性。苟求纲领简单，此等处亦须斟酌的损益。

又如第四十七章尊意"注意八股考试制度"。弟意明代建国规制，如废宰相、立内阁，亦重要，不仅有明一代，全受此制影响，即清代政治，亦与此制有绝大关系。至考试制度，固重要，然究是沿袭唐宋而来，与内阁制之为新创者有间。且明代考试，更应注意其考试科程之内容，即四书五经大全，而考试文字之形式，即八股，尚属其次。

弟意中国史绵历固长，而所包活动疆域尤广。各地开发之历程极须注意，而唐中叶后长江流域在中国政治上之经济地位，及北方之日就芜落，南方人文之日盛，以及漕运及江南赋税特高等等，皆可注目。此等如何插入，亦殊要紧也。

一知半解，而率直陈之，未必可采，聊答雅意，幸勿嗤责，便中并盼藉此详聆大教也。

匆匆顺颂

撰祺

弟穆手上　二月二十七日

（二）复　书

宾四先生：前布草目，自始即不敢期其完满，盖以一二人之力，裁剪全史，实非所任。端赖绩学深思如先生者，为质直之纠绳。承蒙不弃而垂教焉，幸何如也。通观全目，其非以文化史相标榜，而遗略政治者，盖可了然。曾闻人议其过重政治者，弟亦不暇辨。尊意"以政治为主脑"，就全局而论，实洽鄙怀。惟以初中与高中较，则弟意前者宜较详政治，后者宜较详文物。此意当为高明所颔许。

草目中各章之标题，仅示本章之着眼点，题外之导引、衬托或附笔自所不免，非如塾师课文，以离题为大戒也。例如于宋室南渡章后，而叙南宋及辽金之社会文物，自不能于南宋与金国之关系，岳飞、秦桧、韩侂胄诸人活动，一字不提，而从南渡一跳即至蒙古之兴起与元朝之建立也。征稿启事中未说明此意，殊为憾事。先生之箴规，深所拜嘉。至若本目中（例如）于南宋时代应否以宋金之政治关系为主题等，此则兼须斟酌于高中、初中材料之分配而定。先生指出"东晋、南宋何以不能恢复中原"之问题，诚为重要之问题，吾人属笔时自当因先生之提醒而特加注意，然了解此两时代对敌双方之社会状况，亦解答此问题之钥也。

讲明代学术之特提阳明，取其人格之宏伟，以大哲学家而兼大政治家，可为青年兴感之资，可为新时代领袖之榜样。就此点而论，则梨洲、船山远非其俦，而亭林亦有逊色也。明遗民学术思想或另立一章，孔墨及其时代或分两章，弟此时均无成见。惟周代封建社会一章亘数百年，材料亦不少（兹列其子目如下：一、王朝与

诸侯之关系；二、王畿及列国之组织；三、贵族生活；四、乡野与
都邑；五、祭与戎），似不能与周朝之建立（自兼述齐、鲁、卫、
晋……之开国）合为一章。康熙帝一章今思之殊无理，决采尊意修
改。其他先生指出诸点，均大启愚昧，属笔时当尽量采纳。以后每
章初稿杀青，当即持往就正于高明也。此谢厚谊并颂
著祺

编者

二月廿九日

《中国史纲》自序 *

 这部书的开始属草，是在卢沟桥事变之前二年；这部书的开始刊布，是在事变之后将近三年。

 现在发表一部新的中国通史，无论就中国史本身的发展上看，或就中国史学的发展上看，都可说是恰当其时。就中国史本身的发展上看，我们正处于中国有史以来最大的转变关头，正处于朱子所谓"一齐打烂，重新造起"的局面；旧的一切瑕垢腐秽，正遭受彻底的涤荡剸割，旧的一切光晶健实，正遭受天捶海淬的锻炼，以臻于极度的精纯；第一次全民族一心一体地在血泊和瓦砾场中奋扎以创造一个赫然在望的新时代。若把读史比于登山，我们正达到分水岭的顶峰，无论回顾与前瞻，都可以得到最广阔的眼界。在这时候，把全部的民族史和它所指向道路，作一鸟瞰，最能给人以开拓心胸的历史的壮观。就中国史学的发展上看，过去的十来年可算是一新纪元中的一小段落；在这十来年间，严格的考证的崇尚，科学的发掘的开始，湮没的旧文献的新发现，新研究范围的垦辟，比较材料的增加和种种输入的史观的流播，使得司马迁和司马光的时代

* 本文 1940 年 2 月作于昆明，原载《中国史纲》上册，重庆青年书店 1941 年。此作与《论史实之选择与综合》在内容上颇有异同，两相观之可见张荫麟通史观的变化。

顿成过去；同时史界的新风气也结了不少新的，虽然有一部分还是未成熟的果。不幸这草昧初辟的园林，突遇狂风暴雹，使得我们不得不把一个万果累累的时代，期于不确定的将来了。文献的沦陷，发掘地址的沦陷，重建的研究设备的简陋和生活的动荡，使得新的史学研究工作在战时不得不暂告停滞，如其不致停顿。"风雨如晦，鸡鸣不已"的英贤，固尚有之；然而他们生产的效率和发表的机会不得不大受限制了。在这抱残守缺的时日，回顾过去十来年新的史学研究的成绩，把它们结集，把它们综合，在种种新史观的提警之下，写出一部分新的中国通史，以供一个民族在空前大转变时期的自知之助，岂不是史家应有之事吗？

着手去写一部通史的人，不免劈头就碰到一个问题，以批评眼光去读一部通史的人，也不免劈头就碰到同一的问题，那就是，拿什么的"笔削"做标准？显然我们不能把全部中国史的事实，细大不捐，应有尽有的写进去。姑勿论一个人，甚至一整个时代的史家没有能力去如此做。即使能如此做，所成就的只是一部供人检查的"中国史百科全书"，而不是一部供人阅读的中国通史。那么，难道就凭个人涉览所及，记忆所容和兴趣所之，以为去取吗？这虽然是最便当的办法，我怀疑过去许多写通史的人大体上所采的正是这办法，无怪佛禄德（Froude）把历史比于西方的缀字片，可以任随人意，拼成他所喜欢的字。我们若取任何几种现行的某国或某处通史一比较，能否认这比喻的确切吗？但我们不能以这样的情形为满足。我们无法可以使几个史家各自写成的某国通史去取全同，如自一模铸出，除是他们互相抄袭。但我们似乎应当有一种标准，可以判断两种对象相同而去取不同的通史，孰为合当，孰为高下，这标准是什么？

　　读者于此也许会想到一个现成的答案：韩昌黎不早就说过"记事者必提其要"吗？最能"提要"的通史，最能按照史事之重要的程度以为详略的通史，就是选材最适当的通史。"笔削"的标准就在史事的重要性。但这答案只把问题藏在习熟的字眼里，并没有真正解决问题。什么是史事的重要性？这问题殊不见得比前一问题更为浅易。须知一事物的重要性或不重要性并不是一种绝对的情实，摆在该事物的面上，或蕴在该事物的内中，可以仅就该事物的本身检察或分析而知的。一事物的重要性或不重要性乃相对于一特定的标准而言。什么是判别重要程度的标准呢？

　　"重要"这一概念本来不只应用于史事上，但我们现在只谈史事的重要性，只探究判别史事的重要程度的标准。"重要"一词，无论应用于日常生活上或史事的比较上，都不是"意义单纯"（Univocal）的；有时作一种意义，有时作别一意义；因为无论在日常生活上或史事的比较上，我们判别重要程度的标准都不是独一无二的；我们有时用这标准，有时用那标准。而标准的转换，我们并不一定自觉。惟其如此，所以"重要"的意义甚为模糊不清。在史事的比较上，我们用以判别重要程度的可以有五种不同的标准。这五种标准并不是作者新创出来的，乃是过去一切通史家部分地、不加批判地，甚至不自觉地，却从没有严格地采用的。现在要把他们尽数列举，并加以彻底的考验。

　　第一种标准可以叫做"新异性的标准"（Standard of Novelty）。每一件历史的事情都在时间和空间里占一特殊的位置。这可以叫做"时空位置的特殊性"。此外它容有若干品质，或所具若干品质的程度，为其他任何事情所无。这可以叫做"内容的特殊性"。假如一切历史的事情只有"时空位置的特殊性"而无"内容的特殊性",或其"内容的特殊性"微少到可忽略的程度,那么,社会里根本没有所谓"新闻",历史只是一种景状的永远持续,我们从任何一历史的"横剖面"可以推知其他任何历史的"横剖面"。一个民族的历史假若是如此,那么,它只能有孔德所谓的"社会静力学",而不能有他所谓"社会动力学";那么,它根本不需有写的历史,它的"社会静力学"就可以替代写的历史。现存许多原始民族的历史虽不是完全如此,也近于如此;所以它们的历史没有多少可记。我们之所以需有写的历史,正因为我们的历史绝不是如此,正因为我们的史事富于"内容的特殊性",换言之,即富于"新异性"。众史事所具"内容的特殊性"的程度不一,换言之,即所具"新异性"的程度不一。我们判断史事的重要性的标准之一即是史事的"新异性"。按照这标准,史事愈新异则愈重要。这无疑地是我们有时自觉地或不自觉地所采用的标准。关于这标准有五点须注意。第一,有些史事在当时富于"新异性"的,但后来甚相类似的事接叠发生,那么,在后来这类事便减去新异性;但这类事的始例并不因此就减去"新异性"。第二,一类的事情若为例甚稀,他的后例仍不失其"新异性",虽然后例的新异程度不及始例。第三,"新异性"乃是相对于一特殊的历史范围而定。同一事情,对于一民族或一地域的历史而言,与对于全人类的历史而言,其新异的程度可以不同。例如 14 世纪欧洲人之应用罗盘针于航海,此事对于人类史而言的新异程度远不如其对于欧洲史而言的新异程度。第四,"新异性"乃是相对于我们的历史知识而言。也许有的史事本来的新异程度很低,但它的先例的存在为我们所不知。因而在我们看来,它的新异程度是很高的。所以我们对于史事的"新异性"的见解随着我们的历史知识的进步而改变。第五，历史不是一盘散沙，众史事不是分立无连的；我们不仅要注意单件的史事，并且要注意众史事所构成的全体；我们写一个民族的历史的时候，不仅要注意社会之局部的新异，并且要注意社会之全部的新异；我们不仅要注意新异程度的高下，并且要注意新异范围的大小。"新异性"不仅有"深浓的度量"（Intensive Magnitude），并且有"广袤的度量"（Extensive Magnitude）。设如有两项历史的实在，其新异性之"深浓的度量"可相颉颃，而"广袤的度量"相悬殊，则"广袤的度量"大者比小者更为重要。我们的理想是要显出全社会的变化所经诸阶段和每一段之新异的面貌和新异的精神。

假如我们的历史兴趣完全是根于对过去的好奇心，那么，"新异性的标准"也就够了。但事实上我们的历史兴趣不仅发自对过去的好奇心，所以我们还有别的标准。

第二种标准可以叫做"实效的标准"（Standard of Practical Effect）。这个名词不很妥当，姑且用之。史事所直接牵涉和间接影响于人群的苦乐者有大小之不同。按照这标准，史事之直接牵涉和间接影响于人群的苦乐愈大，则愈重要。我们之所以有这标准，因为我们的天性使得我们不仅关切于现在人群的苦乐，并且关切于过去人群的苦乐。我们不能设想今后史家会放弃这标准。

第三种标准可以叫做"文化价值的标准"（Standard of Cultural Values）。所谓文化价值即是真与美的价值。按照这标准，文化价值愈高的事物愈重要。我们写思想史、文学史或美术史的时候，详于灼见的思想而略于妄诞的思想，详于精粹的作品而略于恶劣的作品（除了用作形式的例示外），至少有一大部分理由依据这标准。假如用"新异性的标准"，则灼见的思想和妄诞的思想，精粹的作品和恶劣的作品，可以有同等的新异性，也即可以有同等的重要性，而史家无理由为之轩轾。哲学上真的判断和文学美术上比较的美的判断，现在尚无定论。故在此方面通史家容有见仁见智之殊。又文化价值的观念随时代而改变，故此这标准也每随时代而改变。

第四种标准可以叫做"训诲功用的标准"（Standard of Didactic Utility）。所谓训诲功用有两种意义：一是完善的模范；二是成败得失的鉴戒。按照这标准，训诲功用愈大的史事愈重要。旧日史家大抵以此标准为主要的标准。近代史家的趋势是在理论上要把这标准放弃，虽然在事实上未必能彻底做到。依作者的意见，这标准在通史里是要被放弃的。所以要放弃它，不是因为历史不能有训诲的功用，也不是因为历史的训诲功用无注意的价值，而是因为学术分工的需要。例如历史中的战事对于战略与战术的教训，可属于军事学的范围；历史人物之成功与失败的教训，可属于应用社会心理学中的"领袖学"的范围。

第五种标准可以叫做"现状渊源的标准"（Standard of Genetic Relation With Present Situations）。我们的历史兴趣之一是要了解现状，是要追溯现状的由来，众史事和现状之"发生学的关系"（Genetic Relation）有深浅之不同，至少就我们所知是如此。按照这标准，史事和现状之"发生学的关系"愈深，愈有助于现状的解释则愈重要。大概的说，愈近的历史和现状的"发生学的关系"愈深，故近今通史家每以详近略远为旨。然此事亦未可一概而论。历史的线索，有断而复续的，历史的潮流，有隐而复显的。随着社会当前的使命，问题和困难的改变，久被遗忘的史迹每因其与现状的切合而复活于人们的心中。例如吾人今日之于墨翟、韩非、王莽、王安石与钟相是也。

以上的五种标准，除了第四种外，皆是今后写通史的人所当自觉地，严格地，合并采用的。不过它们的应用远不若它们的列举的容易。由于第三种标准，对文化价值无深刻的认识的人不宜写通史。由于第五种标准，"知古而不知今"的人不能写通史。再者要轻重的权衡臻于至当，必须熟习整个历史范围里的事实。而就中国通史而论，这一点绝不是个人一生的力量所能做得到的。所以无论对于任何时代，没一部中国通史能说最后的话。所以写中国通史永远是一种极大的冒险。这是无可奈何的天然限制，但我们不可不知有这种限制。

除了"笔削"的标准外，我们写通史时还有一个同样根本的问题。经过以上的标准选择出来的无数史实，并不是自然成一系统的。它们能否完全被组织成一系统？如是可能，这是什么样的系统？上面说过，众史事不是孤立无连的。到底它们间的关系是什么样的关系？同时的状况，历史的一"横切片"的种种色色，容可以"一个有结构的全体之众部分的关系"（Relation between Parts of An Organized Whole）的观念来统驭，但历史不仅是一时的静的结构的描写，并且是变动的记录。我们能否或如何把各时代各方面重要的变动的事实系统化？我们能否用一个或一些范畴把"动的历史的繁杂"（Changing Historical Manifold）统贯？如其能之，那个或那些范畴是什么？

我们用来统贯"动的历史的繁杂"可以有四个范畴。这四个范畴也是过去史家自觉或不自觉地部分使用的。现在要把它们系统地列举，并阐明它们间的关系。

（甲）因果的范畴。历史中所谓因果关系乃是特殊的个体与特殊个体间的一种关系。它并不牵涉一条因果律，并不是一条因果律下的一个例子。因为因果律的例子是可以复现的；而历史的事实，因其内容的特殊性，严格地说，是不能复现的。休谟的因果界说不适用于历史中所谓因果关系。

（乙）发展的范畴。就人类史而言，因果的关系是一个组织体对于另一个组织体的动作，或一个组织体对其自然环境的动作，或自然环境对一个组织体的动作（Action），或一个组织中诸部分或诸方面的交互动作（Interaction）。而发展则是一个组织体基于内部的推动力而非由外铄的变化。故此二范畴是并行不悖的。发展的范畴又包括三个小范畴。

（1）定向的发展（Teleological Development）。所谓定向的发展者，是一种变化的历程。其诸阶段互相适应，而循一定的方向，趋一定鹄的者。这鹄的不必是预先存想的目标，也许是被趋赴于不知不觉中的。这鹄的也许不是单纯的而是多元的。

（2）演化的发展（Evolutional Development）。所谓演化的发展者，是一种变化的历程，在其所经众阶段中，任何两个连接的阶段皆相近似，而其"作始"的阶段与其"将毕"的阶段则剧殊。其"作始"简而每下愈繁谓之进化。其"作始"繁而每下愈简者谓之退化。

（3）矛盾的发展（Dialectical Development）。所谓矛盾的发展者，是一变化的历程，肇于一不稳定组织体，其内部包含矛盾的两个元素，随着组织体的生长，它们间的矛盾日深日显，最后这组织体被内部的冲突绽破而转成一新的组织体，旧时的矛盾的元素经改变而潜纳于新的组织中。

演化的发展与定向的发展，矛盾的发展与定向的发展，各可以是同一事情的两方面。因为无论演化的发展或矛盾的发展，都可以冥冥中趋赴一特定的鹄的。惟演化的发展与矛盾的发展则是两种不同的事情。

这四个范畴各有适用的范围，是应当兼用无遗的。我们固然可以专用一两个范畴，即以之为选择的标准，凡其所不能统贯的认为不重要而从事舍弃。但这办法只是"削趾适履"的办法。依作者看来，不独任何一个或两三个范畴不能统贯全部重要的史实；便四范畴兼用，也不能统贯全部重要的史实，更不用说全部的史实，即使仅就一个特定的历史范围而论。于此可以给历史中所谓偶然下一个新解说，偶然有广狭二义：凡史事为四范畴中某一个范畴所不能统贯的，对于这范畴为偶然，这偶然是狭义的偶然；凡史事为四范畴中任何范畴所不能统贯的，我们也说它是偶然，这偶然是广义的偶然。历史中不独有狭义的偶然，也有广义的偶然。凡本来是偶然（不管狭义或广义的）的事，谓之本体上的偶然。凡本非偶然，而因我们的知识不足，觉其为偶然者，谓之认识上的偶然。历史家的任务是要把历史中认识上的偶然尽量减少。

到此，作者已把他的通史方法论和历史哲学的纲领表白。更详细的解说不是这里篇幅所容许。到底他的实践和他的理论相距有多远，愿付之读者的判断。

（民国）二十九年二月　昆明

编 后 记

作为 20 世纪学贯中西的卓越代表，张荫麟先生也是 20 世纪中国新史学方法论的先驱。其平生志在通史（生前出版《中国史纲》至东汉而止），并对通史编撰的重要性、史实的选择、统贯史实的"秩序"以及表述方式进行了较为系统、全面的阐述。

张荫麟生前拟编但至今未出版的这本史学论著，原为四篇，即：论史实之选择与综合、论传统历史哲学、历史科学（译）、近代西洋史学之趋势（译），现在此基础上，增补其关于历史哲学、史料观、历史编撰法的其他著译论文。以较为完整地体现张荫麟对于历史的认识、历史研究的方法及其史学风格，并由此窥见 20世纪 20—40 年代中国史学由传统走向现代的关键转型。

本书于张氏诞辰 120 周年之际编辑整理出版，弥补张氏生前计划但迄今仍未出版的遗憾，同时也将裨益于史学研究者、史学爱好者。

本书选题由张爱民策划，李欣荣、方芳编注。书中除非有碍阅读、理解，悉遵作者发表时原文。不妥之处，祈请斧正。